J'ai fait l'amour avec mon thérapeute

Hélène Lapierre
Marie Valiquette, Ph.D.

J'ai fait l'amour avec mon thérapeute

Témoignages sur l'intimité sexuelle en thérapie

ÉDITIONS
SAINT-MARTIN

Données de catalogage avant publication (Canada)

Lapierre, Hélène, 1943-

  J'ai fait l'amour avec mon thérapeute : témoignages sur l'intimité sexuelle en relation d'aide

  Comprend des références bibliographiques.

  ISBN 2-89035-166-1

  1. Relations psychothérapeute-patient - Aspect sexuel. 2. Relation d'aide. I. Valiquette, Marie, 1946- . II. Titre.

RC480.8.L36 1989   616.89'14   C89-096508-0

1ère réimpression premier trimestre 1995

Dépôt légal : Bibliothèque nationale du Québec, 3e trimestre 1989

Inprimé au Canada

Notre catalogue vous sera expédié sur demande :
Les Éditions Saint-Martin
5000, rue Iberville, bureau 203
Montréal (Québec) H2H 2S6
Tél. : (514) 529-0920
Téléc. : (514) 529-8384

Remerciements

La rédaction de ce livre a exigé un travail de collaboration étroite entre d'une part les deux auteures et, d'autre part, les clientes et les thérapeutes ayant accepté d'y livrer leur expérience. Une mention particulière se doit d'être faite à Stéphane Sabourin qui après avoir dirigé la Thèse sur la thématique, nous a encouragées et supportées tout au long du processus de rédaction. Ses corrections et commentaires nous ont été très précieux.

De plus, plusieurs personnes dont principalement Maryse Bernier, Andrée Blouin, Lise Breton, Nicole Breton et Andrée Racine ont accepté de lire et de réviser les textes ou encore de nous faire profiter de leurs ressources. Enfin, nos conjoints, Jean et Mathieu, et nos enfants, Catherine, Guillaume (assistant-technique), Martin et Patrick, nous ont soutenues durant cette réalisation. Sans eux, ce projet aurait été impossible. À tous ces gens, un merci du fond de notre cœur.

Hélène Lapierre
Marie Valiquette

Avant-propos

Faire l'amour avec son thérapeute[1] est un sujet tabou. Le silence est maintenu, tant du côté des thérapeutes, fautifs ou innocents, que du côté des victimes. Des thérapeutes bien intentionnés ont même cru bon de nous prévenir des risques inhérents au dévoilement d'une telle réalité. *C'est un sujet dangereux, vous pouvez ternir l'image des professionnels de la relation d'aide ou encore vous pouvez rendre les clients plus méfiants*, disaient-ils. Ces mises en garde nous font mesurer notre responsabilité et la difficulté de discuter ouvertement de ce comportement si bien caché.

Ce type de secret est mis en place lorsqu'une loi, dite ou non dite, le plus souvent morale, a été transgressée. Tant les personnes impliquées, que celles indirectement concernées par les faits, collaborent à l'installation de la clandestinité. Par exemple, la mère dont les parents sont divorcés évitera d'aborder le sujet devant ses enfants. Ou encore, il ne sera jamais question du grand-père qui s'est suicidé ou de la tante qui a fini ses jours dans un asile psychiatrique comme il n'est jamais question du thérapeute qui couche avec ses clientes. Ces exemples mettent en évidence la dévalorisation et l'atteinte à l'image de soi qui seraient ressenties si le secret était révélé. Donc, tous respectent la loi du silence jusqu'à ce qu'il y ait des symptômes qui se déclarent dans la famille ou jusqu'à ce qu'il y ait des victimes reconnues. C'est lorsqu'un enfant cesse de manger, vole ou encore ne

---

1. Tout au long de ce volume, le terme thérapeute désigne tout professionnel de la relation d'aide: psychiatre, psychologue, omnipraticien, criminologue, travailleur social, etc.

fonctionne plus à l'école que l'on se met à questionner ce qui se passe dans la famille et que l'on en découvre les mystères.

La grande famille des thérapeutes a aussi ses secrets. Ses mythes sont bien protégés. Tout cela crée une image positive que les thérapeutes veulent donner d'eux-mêmes, que cette image corresponde ou non à la réalité. Que dire du fantasme du thérapeute tout-puissant, qui ne voit pas ses limites ou ses difficultés personnelles! S'attaquer au secret, c'est s'attaquer à de telles illusions. Comme c'est ordinairement le cas, il a fallu des victimes pour que nous osions briser le silence et risquer une blessure narcissique.

Dans les problématiques d'abus sexuels, que ce soit le viol, l'inceste ou l'intimité sexuelle thérapeute-cliente, la rupture du secret est le premier pas vers la délivrance. Le silence maintient en otage tous les gens concernés. Cette démarche doit cependant se faire dans le respect des clientes ainsi que des thérapeutes. Autant certains confrères souhaitaient nous voir abandonner notre projet d'écriture, autant certains autres, nous trouvaient trop conciliantes et auraient souhaité nous voir plus agressives, voire accusatrices et justicières. Pas plus que la passivité, la vengeance ne nous intéresse.

Toutefois, il semble que c'est à nous thérapeutes, témoins privilégiés de cette situation chaotique, que revient la responsabilité de dénoncer et de parler pour ouvrir le chemin de l'espoir. Informer le public apparaît d'une élémentaire décence afin de mettre un frein à cette pratique illicite et de susciter ainsi un mouvement de prévention. Ce livre est cependant destiné d'abord et avant tout aux victimes. Ce sont elles qui nous ont donné le courage de dépasser nos peurs. Les clientes qui ont vécu l'abus sexuel lors d'une thérapie se retrouvent prisonnières de leur secret et, bien souvent, isolées. Ayant perdu l'espoir de se faire aider, elles essaient tant bien que mal de surnager tout en refoulant leur détresse. Nous les avons rencontrées et leurs témoignages constituent le cœur de ce livre.

Deux remarques seront utiles dans la poursuite de votre lecture. Tout au long du volume, vous constaterez l'utilisation du féminin lorsqu'il est question des victimes de rapprochement sexuel thérapeute-cliente. Ce choix s'imposait puisque la majorité des victimes sont des femmes. La deuxième remarque concerne les différentes parties du livre. La première partie est davantage théorique et le lecteur pourra choisir de la lire avant ou après les témoignages en fonction de son intérêt.

Première partie

L'amour et la thérapie, un mélange explosif

Ce soir-là, le groupe est formé de six femmes et un homme. La rencontre se tient dans une petite salle de l'Université, une salle située au bout d'un véritable labyrinthe. Chacune s'est un peu perdue malgré les indications et arrive en ayant eu, à quelques reprises, l'idée de rebrousser chemin. Elles savent que les autres participantes du groupe ont eu, elles aussi, des relations sexuelles avec leur thérapeute, c'est ce qui les réunit. Elles arrivent toutes plus ou moins anxieuses, curieuses, chargées d'interrogations et d'émotions multiples. Cette démarche n'est pas simple. Rachel, par exemple, venait de l'extérieur de la ville. Elle s'est trompée de chemin en venant à l'Université et a cherché le bâtiment en plus de chercher le local. Elle a finalement abouti parmi nous avec une heure de retard. «Pourquoi aller te casser la tête et ressasser cette vieille histoire? Tu risques de te faire du mal encore!» se tracassait-elle. Pourtant, cette rencontre l'attirait. Elle voulait savoir pourquoi tout cela lui était arrivé, elle avait envie de voir la tête des autres femmes qui, comme elle, avaient aimé et eu des relations sexuelles avec leur thérapeute. «Ne nous retrouverons-nous pas qu'une bande de filles plus bêtes les unes que les autres?» se disait-elle. Au premier coup d'œil, rien ne distinguait les gens de ce groupe. Elle fut étonnée de la présence d'un homme; elle croyait que ça n'arrivait qu'aux filles. Elle ne fut d'ailleurs pas la seule à réagir à la présence de Marc-André. Évelyne a failli rebrousser chemin lorsqu'elle l'a aperçu. «Comme si j'allais parler de tout cela devant mon père!» se dit-elle.

Toutes ces personnes provenaient d'un échantillon de sujets recrutés à l'aide des média à l'occasion d'une thèse de doctorat

(Valiquette, 1989) intitulée: *Les séquelles psychologiques de l'intimité sexuelle en psychothérapie*. Elles nous avaient donc rendu service en acceptant de prendre trois heures de leur temps pour répondre aux questionnaires de la recherche. Nous savions que ces tests risquaient de soulever des souvenirs, des émotions et des interrogations. Pour en tenir compte et pour les remercier de leur collaboration, nous avons offert à chacune d'elles d'assister à une rencontre qui réunirait des personnes ayant vécu une expérience similaire à la leur.

Nous avons donc réuni, au cours du printemps 1987, une dizaine de groupes comprenant de cinq à six personnes, en n'offrant toutefois qu'une seule soirée par groupe. Nous avons également rencontré en sessions plus intensives, individuellement ou en groupe et même par lettre dans un cas, quelques-unes des personnes qui ont accepté que leur témoignage soit utilisé dans ce livre. Ces rencontres furent toutes extrêmement touchantes et instructives. Le sérieux et l'implication des participantes furent, à chaque occasion, saisissants. Ces personnes étaient conscientes du peu de temps qu'elles avaient devant elles pour partager et décanter une expérience de vie qui s'était avérée intense, importante et difficile pour toutes sortes de raisons. Les besoins étaient grands, le travail s'amorçait rapidement et on ne perdait pas de temps.

Ces rencontres étaient essentiellement centrées sur les besoins des participantes. Différents motifs ont incité celles-ci à assister à une rencontre de groupe. Pour plusieurs d'entre elles, c'est la curiosité qui a eu raison de leurs craintes, de leur gêne, de leur honte. La curiosité s'est juxtaposée au besoin de comprendre, de comparer, de vérifier comment les autres ont vécu cette expérience singulière et aussi comment elles s'en sont sorties. Pour d'autres, c'est le besoin de parler qui les a menées à cette réunion, le besoin de se raconter pour dévoiler enfin un secret qu'elles portent seules depuis longtemps.

Ce sera une partie des témoignages de ces clientes que nous vous ferons partager tout au cours de ce livre. Nous avons accompagné ces comptes rendus d'observations cliniques permettant de mieux comprendre la problématique. Avant de passer à cette étape, voici un aperçu des séquelles dues à une intimité sexuelle thérapeute-cliente et les principales facettes de cette thématique.

Un rapprochement à hauts risques: pourquoi l'intimité sexuelle thérapeute-cliente est-elle à proscrire?

Il est essentiel de se rappeler que la cliente qui se présente pour une consultation thérapeutique est dépassée par le problème qui l'habite. Personne ne va chercher des soins par plaisir ou par fantaisie. Celle qui consulte se trouve en état de vulnérabilité et d'influençabilité, comme le soulignent Lecomte et Gendreau (1984).

Pour retrouver son bien-être, elle est prête à faire confiance aux ressources professionnelles du thérapeute. Les effets attendus suite à une consultation vont dans le sens de la guérison des symptômes qui ont suscité la requête. À l'opposé d'un mieux-être, lorsqu'il y a rapprochement sexuel, non seulement la problématique de départ de la cliente n'est pas solutionnée, mais il faut compter en plus avec les conséquences nocives liées directement à cette situation.

Les séquelles de l'intimité sexuelle thérapeute-cliente

Plusieurs chercheurs (Apfel, Simon, 1985; Bouhoutsos, Holroyd, Lerman, Forer, Greenberg, 1983; Burgess, 1981; Chesler, 1972; Feldman-Summers et Jones, 1984) se sont penchés sur les séquelles de l'intimité sexuelle en psychothérapie.

Pope (1988), après de nombreuses études sur la thématique, en vient à parler du syndrome de la relation sexuelle thérapeute-cliente, c'est-à-dire qu'il en vient à identifier un ensemble de symptômes caractérisant les victimes. Dans ce syndrome, il identifie dix effets négatifs pour la cliente qui vit une intimité sexuelle avec son thérapeute. Plusieurs de ces séquelles se retrouvent chez une même cliente, quoique leur intensité variera d'une personne à l'autre.

Premièrement, les sentiments d'ambivalence que vit la cliente face au thérapeute abuseur. D'un côté, la cliente ressent de la colère, de la peur, de la rage vis-à-vis du thérapeute et de l'autre, elle vit de l'affection, de l'amour, de la gratitude pour ce même thérapeute qui représente souvent la seule personne qui se soit vraiment intéressée à elle. Elle est partagée entre son désir et sa crainte de le détruire. Cette ambivalence est similaire à celle vécue par les femmes battues ou par les victimes d'inceste qui alternativement ou simultanément veulent

Tableau 1

Syndrome de la relation sexuelle thérapeute-cliente

Séquelles
1. Ambivalence de la cliente
2. Sentiment de culpabilité
3. Sentiment d'isolement et de vide
4. Confusion sexuelle
5. Difficulté à faire confiance
6. Confusion dans le sentiment d'identité et des rôles respectifs
7. Envahissement émotif
8. Rage réprimée
9. Risque suicidaire
10. Dysfonction cognitive: attention et concentration

Traduit et adapté de Pope, 1988.

fuir l'abuseur et en même temps s'y accrochent ou le protègent. Inutile de dire que le conflit qu'implique l'ambivalence est très souffrant.

Deuxièmement, un sentiment de culpabilité est vécu par la cliente. Bien que cette culpabilité soit sans fondement, la cliente se sent responsable et même coupable de l'événement.

Troisièmement, la victime vit un sentiment d'isolement et de vide. Elle a l'impression d'être la seule à qui de tels événements peuvent arriver et, de ce fait, se coupe souvent des autres personnes.

Quatrièmement, une confusion sexuelle s'installe chez la cliente sans rapport avec la problématique de départ. Pour certaines, toute activité sexuelle ramène la reviviscence du rapprochement sexuel avec le thérapeute alors que d'autres sont piégées dans des comportements sexuels compulsifs ou destructeurs.

Cinquièmement, la difficulté de faire confiance augmente. La relation thérapeutique amène la cliente à partager avec le professionnel les aspects les plus privés de son existence, ses pensées intimes, ses secrets les plus profonds, ses espoirs, ses sentiments de peur, de honte, de rage, ce qui implique un degré élevé de confiance. Suite à un abus sexuel, la cliente devient méfiante face à elle-même et aux autres, particulièrement à l'égard des professionnels.

Sixièmement, l'intimité sexuelle thérapeute-cliente viole l'identité du thérapeute, transgresse les frontières de la thérapie et crée une confusion dans les rôles spécifiques de chacun des partenaires. La cliente devient aussi confuse sur sa valeur, son sentiment d'identité et les rôles qu'elle adopte dans ses interactions sociales.

Septièmement, un envahissement émotif se produit. La cliente est submergée par l'émotion et, dans des cas extrêmes, elle peut même sombrer dans un état psychotique.

Huitièmement, comme pour d'autres victimes d'abus sexuels, la cliente est aux prises avec une rage réprimée. Trois principaux facteurs expliquent celle-ci: d'abord, la force et l'influence du thérapeute abuseur qui réfrène l'expression d'émotions négatives, puis l'ambivalence de la cliente et, enfin, sa culpabilité.

Neuvièmement, le rapprochement sexuel engendre un risque suicidaire. Plusieurs des témoignages recueillis font état de tentatives de suicide. Après avoir eu l'illusion d'un bonheur sans faille, comment survivre à la rupture?

Dixièmement, des difficultés dans les fonctions cognitives sont ressenties particulièrement en ce qui touche l'attention et la concentration. Par exemple, une étudiante, n'ayant jamais eu de difficultés dans ses études, se met tout à coup à ne plus pouvoir se concentrer ou une femme cadre responsable du personnel devient lunatique et oublie différentes décisions déjà prises.

Il est facile de remarquer une grande similitude entre le syndrome du rapprochement sexuel thérapeute-cliente que nous venons de décrire et le désordre de l'état de stress post-traumatique tel que défini dans le *Manuel diagnostique et statistique des troubles mentaux* (American Psychiatric Association, 1983). L'état de stress post-traumatique se caractérise par plusieurs indices dont: des souvenirs répétitifs et envahissants de l'événement traumatique, de multiples rêves, la diminution de la capacité de réagir au monde extérieur se manifestant par de l'indifférence et de l'apathie, la présence d'une activité neurovégétative excessive comme la perte de sommeil ou des réactions de peur exagérées.

Or, de nombreux cliniciens ont signalé que l'intimité sexuelle en psychothérapie peut s'accompagner de souvenirs douloureux et envahissants, de cauchemars à répétition concernant l'événement, d'un sentiment de détachement et d'une fermeture dans les sphères de l'intimité et de la sexualité, de sentiments de culpabilité et de méfiance, et enfin, d'un évitement d'activités qui ravivent le souvenir de l'événement (Bouhoutsos et al., 1983; Burgess, 1981; Chesler, 1972; D'Addario, 1977/1978; Feldman-Summers et Jones, 1984; Pope et Bouhoutsos, 1986). Le parallèle entre le rapprochement sexuel thérapeute-cliente et l'état de stress post-traumatique apparaît donc justifié et pertinent.

Le thérapeute, lui aussi, s'expose à des séquelles suite au rapprochement sexuel avec sa cliente. Une seule recherche empirique faite auprès de 20 thérapeutes apporte certaines données (Butler et Zelen, 1977). Il y est fait mention des difficultés conjugales encourues, de même que de l'anxiété et de la confusion qui s'installent tant au plan personnel que professionnel. À cela s'ajoute, pour tous les thérapeutes faisant partie d'une corporation, le risque d'une poursuite par le comité de discipline si la cliente formule une plainte. Aux États-Unis, de plus en plus de poursuites sont portées devant les tribunaux suite à des abus sexuels perpétrés par les thérapeutes. Ceux-ci peuvent être poursuivis au criminel pour abus sexuels, surtout si la cliente est mineure. Dans les autres cas, la poursuite se fera au civil en vertu des dispositions touchant l'abus de pouvoir ou l'incompétence profession-nelle. Un avocat, John I. Finlay (1989) a répertorié les différentes poursuites existantes dans ce domaine.

Toutes ces recherches et données ne font que confirmer l'impor-tance de s'abstenir d'un rapprochement sexuel thérapeute-cliente. Il convient d'affirmer que celui-ci est à proscrire et ce, en toute circons-tance et en dépit du faible pourcentage de clientes qui semblent en bénéficier. En effet, il est irresponsable d'initier un tel traitement qui est néfaste dans 90% des situations et qui n'est pas essentiel à l'autre 10%. Les connaissances scientifiques actuelles en psychologie four-nissent au thérapeute de bonne foi de multiples outils pour venir en aide à ses clientes avec efficacité: les habilités d'écoute empathique, l'apprentissage des habiletés sociales, l'analyse des mécanismes de défense, le développement des forces du moi, etc.

Cas d'exception ou phénomène fréquent?

Lors de la préparation de ce livre, une question revenait souvent dans la bouche de collègues et d'amis:«Y-a-t-il suffisamment de psycho-thérapeutes qui font l'amour avec leur clientes pour que cette situa-tion mérite notre attention?» Avant de se lancer dans l'exploration de cette thématique, il est impérieux d'en vérifier la réalité. Deux types de statistiques servent à évaluer l'ampleur du phénomène et permettent de faire une approximation du problème tel qu'il se pose ici au Québec. Il s'agit de statistiques qui évaluent le pourcentage de thérapeutes fautifs et les statistiques concernant les clientes victimes.

Les nombreuses recherches effectuées auprès des professionnels de la santé (Gartrell, Herman, Olarte, Feldstein, Localio,1986; Holroyd, Brodsky, 1977; Pope, Keith-Spiegel, Tabachnick, 1987) confirment la présence d'une intimité sexuelle thérapeute-cliente chez 5 à 12 % des thérapeutes masculins et chez 1 à 3 % des thérapeutes féminins. Il s'agit ici de statistiques compilées à la suite du dévoilement volontaire des professionnels consultés. Ces statistiques ne tiennent donc pas compte de toutes les rationalisations des professionnels leur permettant de s'exclure de la population visée. Si, de plus, l'on considère la recherche de Holroyd et Brodsky (1977) effectuée auprès de 703 psychologues américains affirmant que 80 % des thérapeutes récidivent, le nombre des victimes doit être multiplié par le nombre de récidives.

Pourtant, les syndics des corporations parlent plus souvent d'un pourcentage de 1 % à 3 % d'égarements chez les thérapeutes. L'écart plutôt impressionnant entre ces chiffres et ceux officiels des recherches est expliqué par le fait que les corporations basent leur évaluation de la situation sur le pourcentage de plaintes retenues annuellement. Or, dans toute problématique de ce genre, un très faible pourcentage de victimes portent plainte.

Par contre, Gary Schoener, directeur exécutif du *Walk-in Counseling Center* situé à Minneapolis, lors d'une conférence présentée à Toronto (1989), mentionne que les statistiques connues actuellement ne représentent que la pointe de l'iceberg. Ce centre a déjà reçu plus de 1 300 victimes. Selon l'avis de cet expert, le pourcentage de thérapeutes s'adonnant à des rapprochements sexuels avec leurs clientes se situe entre 20 et 25 %. Puisque Schoener travaille essentiellement dans ce domaine depuis quinze ans, sa perception peut être biaisée défavorablement. En faisant une moyenne de ces trois sources de référence, les recherches, les syndics et l'opinion de Gary Schoener, un pourcentage de 15 % d'abus sexuels en thérapie semble plus réaliste.

Aucune recherche actuelle ne permet d'évaluer le nombre de victimes d'un tel comportement. Toutefois, Bouhoutsos, Holroyd,

Lerman, Forer, Greenberg (1983) rapportent, dans une enquête menée auprès de 318 psychologues, le témoignage de 559 clientes ayant vécu un rapprochement sexuel avec un thérapeute précédent. Comme mentionné ci-haut, le *Walk-In Counseling Center* a reçu plus de 1 300 cas dans les quinze dernières années. Une recherche présentement en cours à l'Université de Montréal a réuni en peu de temps une soixantaine de clientes victimes (Valiquette, 1989). Ces données permettent de confirmer qu'il y a bel et bien des victimes.

Force nous est de conclure qu'il ne s'agit pas de cas d'exception mais bien d'une entorse sérieuse à l'éthique professionnelle qui atteint plusieurs personnes (autant des thérapeutes que des clientes). Il ne s'agit pas de dramatiser, mais d'ajuster notre perception à la réalité: l'intimité sexuelle thérapeute-cliente existe. Comment se fait-il que, bien que reconnue nocive par les praticiens et les chercheurs, l'intimité sexuelle en thérapie soit si fréquente?

Faire l'amour avec sa cliente, faire l'amour avec son thérapeute: pourquoi cela arrive-t-il?

Parmi les raisons qui expliquent l'émergence de rapports sexuels au sein de la relation thérapeutique, nous retenons les difficultés reliées aux différentes frontières des relations interpersonnelles, le caractère intime de la relation thérapeutique à l'instar de la relation amoureuse et les risques inhérents au métier de thérapeute. Du côté des clientes, le manque d'information est à souligner.

Des frontières caractéristiques
pour les différents types de relations

Toute relation interpersonnelle a ses zones privilégiées et ses zones interdites. Il est souvent difficile de cerner et de respecter les limites particulières à chaque type de relation. Par exemple, la sexualité occupe une place différente selon qu'elle est vécue dans une relation uniquement sexuelle, amicale, amoureuse ou thérapeutique. En d'autres mots, nous nous attarderons à la complexité et à l'importance des frontières qui distinguent chacune de ces relations.

Dans une relation où l'objectif des deux partenaires s'avère être la satisfaction de besoins sexuels, les balises sont claires: de la sexualité sans sentimentalité, sans liens affectifs. Par contre, si un des deux partenaires ne se satisfait plus tout à coup de cette relation fonctionnelle et vit un certain attachement, la relation initiale sera en péril et à redéfinir. Les relations uniquement sexuelles sont assez rares si on excepte les rencontres d'un soir et la prostitution.

Les limites de la relation amicale sont déjà plus complexes. Qu'est-ce que chacun des partenaires attend de l'amitié? La définition de ce type de relation est très élastique. Elle varie, entre autres, en fonction de la culture, de l'âge et de l'éducation des partenaires. L'amitié suppose un échange de services occasionnels ou encore, des échanges sociaux ou culturels associés aux temps de loisirs. Pour d'autres, l'ami, c'est celui qui est là quand on en a besoin; c'est l'épaule consolatrice, le dépannage monétaire, le coup de main pour le déménagement ou le support dans l'épreuve. Certains vont jusqu'à dire qu'un ami c'est là pour toujours. Finalement, les extrémistes y incluent même la relation sexuelle et parlent d'amitié amoureuse. La démarcation entre la relation amicale et la relation amoureuse devient très mince. Il est important pour chacun des partenaires de la relation amicale de définir ses attentes et ses limites et de les communiquer à son partenaire. La relation est satisfaisante dans la mesure où ces informations sont explicites. Ce partage d'informations assure à chacun des partenaires la sécurité et le bien-être dans la relation.

La relation amoureuse est tout aussi complexe. Ordinairement, on s'entend pour y inclure la sexualité. Encore une fois les partenaires devront discuter des balises de leur relation du point de vue financier, sexuel, social et affectif. Le couple se permet-il des sorties en célibataire? Les comptes en banque sont-ils séparés et secrets? La relation sexuelle est-elle exclusive? Des bornes claires, connues et acceptées des deux partenaires favorisent une relation saine.

La relation thérapeutique possède aussi ses frontières qui peuvent varier selon le modèle théorique et la personnalité du thérapeute. En effet, les différentes approches thérapeutiques influent sur la mise en place des normes régissant la thérapie. Par exemple, il n'est pas rare que les psychanalystes convoquent leurs clientes de deux à trois fois par semaine alors que le rythme d'une fois semaine est plus courant dans l'approche humaniste. La thérapie brève offre de solutionner la situation problème en dix rencontres et moins; d'autres approches vont jusqu'à parler de sept ans pour régler un conflit intérieur.

Également, selon leurs limites et leurs ressources personnelles, deux thérapeutes de la même orientation présenteront inévitablement des différences dans la gestion du temps, de l'argent et de la relation. Certains thérapeutes sont très rigides. Ils ont des règles très précises sur la fréquence des entrevues, les retards et les absences. D'autres sont reconnus pour leur souplesse. Ils ont des tarifs adaptés aux revenus ou un horaire flexible. Il y a des thérapeutes silencieux alors que d'autres interagissent davantage. Certains donnent la main ou l'accolade alors que d'autres n'acceptent aucun contact physique. Les cadeaux sont bienvenus chez l'un pendant qu'un autre les refusera. Il y a donc des pratiques variables comme dans d'autres relations et elles ont tout avantage à être spécifiées et respectées.

Des territoires trop étroits risquent d'étouffer la relation alors que des frontières trop élargies la rendent vulnérable. Ainsi, des partenaires qui, par jalousie extrême ou insécurité, s'interdisent tout contact extérieur dans la mesure du possible, risquent de se scléroser et de voir leur relation devenir une prison. Au contraire, des relations sans limites font penser au rêve du pays sans frontières... si ce rêve se réalisait, ce serait la disparition du pays. L'éclatement des frontières, dans la relation thérapeutique, engendre la disparition de l'aspect thérapeutique ou une situation d'abus. C'est ainsi que nous pouvons dire que les limites définissent et donnent une existence à la relation.

La relation thérapeutique étant un service professionnel, certaines frontières y sont définies de façon extrinsèque. À cet effet, un code de déontologie encadre la pratique professionnelle. La liberté du thérapeute devrait jouer à l'intérieur de ce cadre.

Vous avez sûrement entendu parler des personnes de votre entourage qui se disaient en amour avec leur thérapeute. Cette situation se produit fréquemment. Malgré cela, le thérapeute qui répondra à de tels sentiments et qui acceptera de vivre une quelconque sexualité avec sa cliente, lui causera un préjudice. Il est facile de saisir que la corruption ou la violence soient des comportements répréhensibles qui doivent être bannis de toute pratique professionnelle. Avec le rapprochement sexuel en thérapie, ce n'est pas si simple. Un ami nous disait: «J'ai de la misère à comprendre que faire l'amour à quelqu'un puisse lui faire du mal.» Effectivement, faire l'amour n'est pas un acte répréhensible en soi mais il est à proscrire parce qu'il fait du tort à la cliente et que cela est incompatible avec la relation thérapeutique

Certains rapprochements sexuels en thérapie ressemblent parfois davantage au viol qu'à l'amour. En effet, il y a des situations où la cliente se prête aux expériences sexuelles du thérapeute parce qu'elle croit naïvement la version de ce dernier: elle pense qu'elle participe ainsi à son traitement. Le caractère abusif de ces cas est plus évident. Par contre, lorsqu'il s'agit d'une relation amoureuse, la confusion s'installe. La relation thérapeutique et la relation amoureuse comportent des ressemblances importantes vu l'attachement des partenaires et l'intimité requise. Situer les caractéristiques de chacun de ces liens facilitera la compréhension du problème que pose le rapprochement sexuel en thérapie.

Une distinction difficile mais capitale: la relation amoureuse et la relation thérapeutique

Quand on parle d'amour et d'intimité dans la relation thérapeutique, il va sans dire qu'il n'est pas question ici de ce que l'on appelle ordinairement une relation amoureuse. Il y a des différences majeures entre ces deux types d'intimité. Dans un article intitulé *Comparing romantic and therapeutic relationships*, Mme Linnda Durré (1980) décrit les principales étapes d'un rapport intime et identifie clairement les ressemblances et les différences entre une relation dite amoureuse et une relation thérapeutique. Ce qui suit est inspirée des réflexions de Mme Durré.

En premier lieu, le but ultime, les intentions et les attentes de ces deux types de relation sont totalement en opposition. Alors que les amoureux souhaitent s'unir émotionnellement et sexuellement pour toujours et devenir partenaires dans la vie, le thérapeute et sa cliente s'engagent dans un processus où la séparation est l'aboutissement normal. Allié à sa cliente, le thérapeute travaille ardemment pour que celle-ci soit capable de faire face seule aux exigences de la vie et, pour ce, de le quitter sereinement. Devenir partenaires, et encore plus partenaires sexuels, va à l'encontre du but visé. Même temporaire, la relation sexuelle entraînera une rupture qui se vit ordinairement dans la détresse, la dépression ou la rage.

En un sens, l'amour ressenti par le thérapeute pour sa cliente ressemble davantage à l'affection présente dans la relation parentale. La responsabilité ultime du parent est de permettre à l'enfant d'établir son identité et sa personnalité et d'apprendre graduellement à faire face à la vie par lui-même. Avec l'enfant, les parents vont d'une symbiose totale à une autonomie et une indépendance relative et ce, sans passer par la relation sexuelle. La maternité et la paternité ainsi que la thérapie sont en bonne partie un travail de préparation à la séparation. En thérapie, la cliente refera, accompagnée d'une personne responsable, le chemin de l'attachement et de la séparation. C'est ce processus qui mène la personne à l'autonomie affective.

La nature même de la relation amoureuse et celle de la relation thérapeutique sont incompatibles. Il y aura dans chacune de ces relations une période de temps servant à faire connaissance et à établir un climat de confiance. Durant cette étape, les amoureux partageront leurs expériences passées, ce qu'ils aiment, ce qu'ils n'aiment pas, leurs espoirs et leurs rêves pour le futur. S'il y a compatibilité, les amoureux envisageront un avenir, penseront à vivre ensemble, à se marier, à passer en quelque sorte à une étape plus profonde et plus permanente.

Le thérapeute et la cliente se doivent aussi d'établir un climat de confiance et évaluer leur compatibilité: pouvons-nous travailler ensemble? Est-ce que je me sens à l'aise avec cette personne? La cliente, tout comme l'amoureux, devra décider de mettre fin à la relation si elle ne peut répondre positivement à ces questions. Dans un tel cas, elle se trouvera un autre thérapeute. De son côté, le thérapeute se demandera ce qu'il éprouve vis-à-vis de cette cliente, s'il pense qu'il peut l'aider et s'ils peuvent travailler ensemble. Pour que la thérapie continue, ces questions doivent obtenir des réponses positives.

Alors que le partage d'idées et d'expériences développe chez les amoureux leur compatibilité, leur égalité et leur support mutuel, le partage mutuel est déplacé dans la relation thérapeute-cliente. Pour le thérapeute, utiliser le temps de thérapie pour parler de ses propres expériences ou pour parler de lui-même est inadéquat, sauf dans de rares exceptions. C'est la cliente qui doit bénéficier de son attention. En un sens, la thérapie est une relation aussi intime que le mariage mais d'une façon fort différente. La cliente révèle au thérapeute des choses qu'elle ne révélera peut-être jamais à son partenaire. La cliente parle de ses peurs, de ses faiblesses, de ses pensées les plus honteuses ou terrifiantes tandis que le thérapeute lui sert de miroir et de source de support. Il confronte si nécessaire. Le sens unique du dévoilement en thérapie tranche avec l'égalité et la mutualité requises dans le partage amoureux. Voilà une autre différence majeure entre ces deux types de relation.

Compte tenu de l'orientation très différente des deux types de relation, le temps passé ensemble ne se vivra pas du tout de la même façon. Les amoureux désirent être avec l'autre à chaque minute et peuvent être ensemble aussi souvent qu'ils le veulent. Par contraste, le thérapeute et la cliente sont habituellement ensemble une heure à la fois et dans un horaire déterminé rigoureusement à l'avance. Le temps et la relation avec le futur sont différents. Les amoureux pensent à un futur commun ou du moins en ont-ils le choix. Cependant, le thérapeute et sa cliente n'ont pas l'habitude de planifier une longue alliance. Même si certaines clientes voient pendant plusieurs années le même thérapeute, l'aboutissement de la thérapie implique une libération de ce lien de dépendance.

Vient ensuite l'étape de l'idéalisation. Les amoureux vivent alors l'amour aveugle. Ils considèrent que leur partenaire a toutes les qualités et si défauts il y a, ils ne sont que mignons. Le désir physique est grand et l'attirance est mutuelle. Il est implicite qu'un couple en amour vivra éventuellement un échange sexuel. Durant cette période, l'absence de l'autre fait souffrir. Pour la cliente, cette idéalisation fait partie de ce que les spécialistes ont nommé le transfert. Il s'agit d'un phénomène par lequel la cliente tente inconsciemment de revivre avec le thérapeute les conflits de son passé. Plutôt que de se souvenir des conflits de sa vie passée, elle les vit dans sa thérapie (Weiner, 1975). Ainsi, elle idéalisera son thérapeute comme elle a, très jeune, idéalisé ses parents. Elle aura tendance à croire que le thérapeute a eu une enfance heureuse ou encore qu'il a résolu totalement ses conflits intérieurs, qu'il est heureux, qu'il a un bon mariage, de bonnes relations avec ses enfants, qu'il est content de son travail, qu'il connaît tout en psychologie. Bref, la cliente croit que le thérapeute n'a pas de problèmes. Durant ce stade, plusieurs clientes voient leur thérapeute comme tout-puissant; elles l'aiment. Ces clientes placent leur confiance dans cette personne qui a tout pour les sauver. Comme dans la relation amoureuse, elles tentent de plaire ou d'impressionner, que ce soit par les cadeaux, les poèmes, leurs traits d'esprit ou encore par leurs tenues vestimentaires. Dans certains cas, le thérapeute devient ainsi objet d'amour: «Il est devenu le centre de mon univers, il est toujours dans mon esprit, je veux qu'il m'aime, je désire son approbation à tout prix, tout ce qu'il me dit est important.» Le thérapeute ne doit pas perdre de vue que l'attrait éprouvé par la cliente est né de la situation thérapeutique, qu'il s'agit d'un transfert et qu'il ne doit pas attribuer cela à son charme personnel.

Éventuellement, l'idéalisation prend fin et cède le pas à l'acceptation qui permet de vérifier si les perceptions de l'autre sont accordées avec la réalité. Le passage de l'idéalisation à l'acceptation est semé de déceptions et de désillusions. Plusieurs personnes pensent qu'elles ne pourront plus aimer l'autre si elles laissent tomber leurs illusions. Pour certaines clientes comme pour certains amoureux, une partie ou toute l'idéalisation ne prendra jamais fin, même quand la relation sera terminée. Ces personnes tiennent tenacement à conserver intacte l'image de leur amoureux ou de leur thérapeute construite au début de la relation. L'abandon de leurs rêves leur semble impossible. La réussite de cette étape exige de l'honnêteté, de l'ouverture, un support mutuel et une communication directe. Le temps et un dur travail peuvent aussi être des éléments cruciaux. Pour l'amoureux, c'est souvent un travail quotidien que d'accepter sa propre réalité et celle de l'autre. La cliente doit, quant à elle, accepter les frontières de la réalité thérapeutique, les limites plus personnelles du thérapeute et la nécessité d'une implication personnelle intense et soutenue pour apporter les changements désirés dans sa vie. Pour quelques clientes, cette étape n'est jamais franchie avec succès et la thérapie prend fin en cul de sac ou se perpétue dans des avenues illicites, telle la recherche d'une relation sexuelle avec le thérapeute. Un certain favoritisme de la part du thérapeute ou l'établissement d'une relation privilégiée vient court-circuiter ce passage important.

L'étape suivante est la continuité. Pour les amoureux, il s'agit de poursuivre le chemin entrepris et de solutionner les problèmes qui se présentent. En thérapie, le plus gros du travail est terminé. Libérée d'une bonne partie du transfert, la cliente devient plus active dans sa propre vie. La continuité signifie pour elle qu'elle pourra bientôt continuer sa route seule et que la thérapie devra se terminer. Pour les amoureux, la relation continue en espérant qu'il n'y ait pas de séparation nécessaire. À l'inverse, la thérapie traitera avec soin cette phase de séparation qui suscite souvent de nouvelles angoisses à contrôler pour la cliente. Une sortie bien réussie est un bon indice du succès de la thérapie. Le thérapeute et la cliente doivent mettre un terme à leur collaboration en reconnaissant qu'ils ont apprécié travailler ensemble. Il est impossible de franchir cette étape finale lorsqu'il y a rapprochement sexuel.

En principe, les thérapeutes connaissent les distinctions que nous venons de présenter. En travaillant avec de nombreux professionnels de la santé, nous avons constaté que la majorité d'entre eux n'ignorent pas l'incompatibilité de la relation thérapeutique et de la relation sexuelle. Ils savent aussi qu'un tel acte est une infraction au Code de Déontologie[2] et que celui-ci, tout comme le code de la route est à la base d'une conduite automobile sécuritaire, devrait inspirer et encadrer la pratique professionnelle pour assurer la sécurité des utilisateurs.

Cette connaissance ne garantit pas une conduite responsable puisque 15% des thérapeutes abusent sexuellement de leurs clientes. Il ne suffit donc pas d'être informé de l'interdiction, encore faut-il être conscient du danger. Pour cela, le thérapeute doit admettre que les risques d'abus sexuels sont très élevés dans un travail comme le sien.

Le risque inhérent à la profession de thérapeute

Être thérapeute est un métier bien spécial. C'est un travail qui prend racine dans la chambre noire de la vie, dans l'intimité. Le thérapeute est à chaque jour au cœur de ce que la vie a de plus intime, de plus caché, à travers les secrets que chaque cliente ose à peine se révéler à elle-même. C'est un incroyable privilège et une tout aussi grande responsabilité. Par cet accès unique à l'intimité même des êtres, le thérapeute développe une connaissance inestimable et profonde de l'être humain et, parallèlement, vit au jour le jour les doutes et les questionnements inhérents à l'immense confiance qui lui est accordée.

À cause même de cette intimité nécessaire et du contact constant avec la souffrance des autres, le métier de thérapeute comporte des difficultés, des exigences, des risques particuliers. Ainsi, l'intimité est aux thérapeutes ce que la violence est aux policiers! Ces derniers

---

2. Dans le Code de Déontologie des psychologues du Québec, nous trouvons au Chapitre IV, devoirs et obligations envers la profession, section I, actes dérogatoires, no 58. En plus des actes mentionnés aux articles 57 et 58 du Code des professions, les actes suivants sont dérogatoires à la dignité de la profession: 11) avoir des relations sexuelles avec son client. Parallèlement, l'article 2.03.08 du Code de déontologie des médecins se lit comme suit: «Le médecin doit, dans l'exercice de sa profession, avoir une conduite irréprochable envers tout patient, que ce soit sur le plan physique, mental ou émotif».

côtoient quotidiennement la violence physique et l'agressivité. Par le fait même, ils sont sujets à avoir eux-mêmes des comportements violents ou agressifs. Ils devront être conscients et attentifs de l'agressivité ou de la violence qui sommeille en eux, ou encore de leurs difficultés à contrôler leurs impulsions. Lorsque les journaux nous apprennent qu'un policier a malmené un homme en état d'arrestation, nous sommes à même de constater la vulnérabilité du policier dans ce domaine. Pour l'avocat, la corruption est au menu quotidien. Plusieurs prévenus tenteront de soudoyer ou d'offrir quelques bons tuyaux à leur avocat en échange d'une certaine protection ou d'un certain silence. Celui-ci devra faire face régulièrement à la tentation et à la zone de vulnérabilité reliée à sa profession.

La présence d'un attrait sexuel sera fréquente pour le thérapeute. Tout professionnel de la santé mentale, à un moment difficile de sa vie, est susceptible d'abuser de la confiance d'une cliente, d'utiliser à des fins personnelles le pouvoir inhérent à son travail et même d'exploiter sexuellement une cliente. Selon l'enquête de Pope, Keith-Spiegel et Tabachnick (1986), 87 % des thérapeutes reconnaissent avoir éprouvé occasionnellement un attrait sexuel pour une cliente. Il n'y a rien d'étonnant dans ces statistiques; il faut surtout s'inquiéter des 13 % qui disent n'avoir jamais rien senti de tel. S'agit-il de personnes fort inconscientes ou encore de personnes très inhibées dans la reconnaissance de leurs émotions? Il est inévitable, qu'à un moment ou l'autre de sa vie professionnelle, le thérapeute éprouve un attrait sexuel pour une cliente en particulier. Mais, de l'attirance au passage à l'acte, il y a autant de distance que du fantasme à la réalité.

Pour le psychothérapeute, tout comme pour le policier ou l'avocat, l'appel ou l'attirance vers l'acte répréhensible sera fréquent, oui, mais il sera surtout puissant. Pour illustrer la situation, rappelons-nous combien il est tentant de se jeter à l'eau et de jouer au héros pour sauver quelqu'un qui se noie, surtout lorsque l'on sait nager. Les gens en détresse crient au secours d'une façon tellement convaincante. C'est compréhensible, ils veulent sauver leur peau à tout prix. À cause de cette panique, ils sont dangereux pour eux-mêmes et pour les autres. Aller vers eux, c'est prendre le risque qu'il y ait probablement deux noyades au lieu d'une. La conscience du danger peut pousser quelqu'un à rester sur la plage et à chercher d'autres moyens pour aider celui qui se noie. Comme le sauveteur diplômé connaît d'autres façons d'apporter du secours, le psychothérapeute a également des compétences pour aider la personne en difficulté tout en restant à sa place, c'est-à-dire, sans enfreindre les frontières de l'intimité liée au caractère particulier de la relation thérapeutique.

Le manque d'information de la cliente

La responsabilité de la cliente concerne sa protection personnelle en tant qu'utilisatrice de services. Prendre des références et s'informer de ce que l'on est en droit d'attendre d'un thérapeute qu'on désire consulter relèvent de la responsabilité de tout adulte qui utilise des services quels qu'ils soient.

Encore faut-il que l'information soit accessible, ce qui n'est pas encore très évident, tout au moins en ce qui concerne l'abus sexuel. Le document émis par l'Association américaine de Psychologie (1987) est très révélateur sur la position professionnelle face à l'activité sexuelle dans la relation thérapeutique. Cette brochure vise à aider la cliente en psychothérapie à comprendre ce qui se passe lorsque la sexualité est introduite dans la relation thérapeutique et à l'informer des recours possibles si cela se produit. Il est clairement indiqué que l'intimité sexuelle en thérapie est contre l'éthique professionnelle et néfaste à la relation thérapeutique. De tels documents devraient être disponible dans tous les bureaux de consultation en relation d'aide.

Par contre, en cours de thérapie, même si la cliente est au courant des effets du transfert ou encore du fait que des relations sexuelles avec son thérapeute entraîneront l'échec de la thérapie, elle n'est aucunement responsable de sa protection. Tout comme ce que vit l'enfant dans l'inceste, la cliente doit pouvoir désirer son thérapeute et lui faire des avances en étant assurée que ce dernier ne passera pas aux actes. C'est à lui seul qu'incombe cette protection en cours de thérapie.

Faire l'amour avec sa cliente, faire l'amour avec son thérapeute, comment cela se passe-t-il?

Certaines histoires de clientes étaient fort différentes alors que d'autres avaient inévitablement des points communs en ce qui concerne leur déroulement. Des études ont été réalisées pour nous permettre de s'y reconnaître et d'identifier des cas typiques.

Dix scénarios possibles

Pope et Bouhoutsos (1986) ont relevé les scénarios les plus fréquemment utilisés par les thérapeutes pour amener la cliente à un rapprochement sexuel. Nous les résumons brièvement au tableau 2.

Tableau 2

Scénarios	Description
Drogue	Le thérapeute utilise différentes drogues et alcools pour séduire la cliente.
Viol	Le thérapeute utilise la force physique, les menaces ou l'intimidation.
Thérapie par le sexe	Le thérapeute présente l'intimité sexuelle thérapeute-cliente comme un traitement efficace pour les difficultés sexuelles ou autres.
Gourou	Le thérapeute crée et exploite une dépendance exagérée chez la cliente.
Inversion des rôles	Le thérapeute devient la «cliente», ses désirs et ses besoins sont au cœur du traitement.
Comme si...	Le thérapeute gère le transfert positif comme s'il lui était adressé personnellement plutôt que comme le résultat de la situation thérapeutique.
Grand Amour	Le thérapeute utilise des rationalisations pour camoufler la nature professionnelle de la relation avec ce qu'elle implique de responsabilités.
Perdre pied	Le thérapeute ne traite pas adéquatement l'investissement émotif qui se produit dans la thérapie.
Hors traitement	Le thérapeute oublie qu'il demeure lié à son rôle même entre les sessions et en dehors du bureau.
Prends-moi	Le thérapeute exploite le désir de rapprochement non érotique de la cliente et sa difficulté à distinguer entre un toucher érotique et non érotique.

Traduit et adapté de Pope et Bouhoutsos, 1986, p. 4.

Certains thérapeutes vont délibérément séduire la cliente et l'inviter à un rapprochement sexuel. Ceux-ci, malades et abuseurs, sont souvent imperméables à la prévention et utilisent surtout l'un des quatre premiers scénarios: drogues, viol, thérapie par le sexe et gourou. D'autres thérapeutes se font prendre dans cet engrenage par inconscience et sans doute un peu par incompétence ou manque de formation ou d'information. C'est d'eux dont il s'agit dans les six derniers scénarios où il est possible de croire, dans certains cas, que le thérapeute est temporairement aveuglé par la situation. Pour ces thérapeutes, une démarche d'information et de conscientisation peut prévenir et éviter des torts considérables pour les deux parties. Dans les prochains paragraphes, chaque scénario est l'objet d'une brève description.

Le scénario de *la drogue* concerne les thérapeutes qui vont utiliser des drogues spécifiquement pour stimuler le désir sexuel de la cliente ou pour la rendre complètement dépendante et à sa merci. Il lui est alors aisé d'abuser sexuellement de cette personne soit sous prétexte de traitement ou comme chantage pour prescrire à nouveau la drogue. Jean-Charles, psychanalyste réputé, offre facilement un joint ou deux de marijuana à ses clientes pour leur faciliter la parole. Puis, dans cette atmosphère de détente, il les invite graduellement à se dévêtir afin de poursuivre la session dans sa piscine privée. L'eau, explique-t-il, favorise le retour à la naissance et permet de régler les conflits intérieurs. Il pousse ses clientes, habituellement nues, à toutes sortes de rites dont il est le seul spectateur. C'est un voyeur insatiable et ses clientes font les frais de sa psychose.

Le scénario du *viol* est assez explicite par lui-même. Le thérapeute abuse sexuellement de sa cliente sans son consentement. Claire en est à sa deuxième visite chez un psychiatre que lui a recommandé son médecin. Elle a des difficultés sexuelles et n'arrive plus à faire l'amour avec son mari. Vers la fin de l'entrevue, le psychiatre lui dit qu'il y a une seule solution à ses difficultés et c'est de faire l'amour avec lui. Elle se sent très mal et a peur. Elle se lève pour quitter le bureau mais avant qu'elle puisse réagir, il est là devant elle, le pénis sorti de son pantalon. Il lève sa robe et la viole. Puis, il se rasseoit et lui fixe le prochain rendez-vous.

Dans le cas suivant, la *thérapie par le sexe*, le thérapeute utilise la sexualité comme un procédé thérapeutique. Il convainc sa cliente que les attouchements sexuels et la relation sexuelle avec lui sont des moyens thérapeutiques pour la guérir. Pour persuader la cliente, il utilise tous les rationnels pertinents à la situation et invente des théories qui servent ses vues. Il invite aussi habituellement la cliente au silence sous prétexte de préserver l'intimité thérapeutique. L'histoire d'Évelyne et de M. Gauthier en est un exemple parfait.

Le *gourou* n'a pas besoin d'une longue présentation. En effet, qui ne connaît pas un de ces prédicateurs qui sait tout et dont le charisme n'est plus à démontrer? L'histoire de Marjolaine et de Simon illustre clairement le pouvoir d'un tel thérapeute.

En ce qui concerne *l'inversion des rôles*, l'histoire de Sophie et de François permet de mieux saisir la situation. Une façon de comprendre ce processus est de se rapporter à certaines situations familiales où l'enfant joue le rôle du parent et le parent celui de l'enfant. Par exemple, la petite fille de huit ans qui doit aller chercher son père à la taverne du coin à dix heures le soir n'est sûrement pas dans son univers enfantin!

Le scénario du *comme si* caractérise plusieurs situations puisqu'il est issu du phénomène du contre-transfert[3]. Le thérapeute prend alors pour lui les compliments que lui adresse sa cliente. L'histoire de Louis et de Coralie en est un exemple frappant.

Quant au *grand amour*, il renvoie à la plus pernicieuse rationalisation qu'un thérapeute utilise pour ignorer ses responsabilités professionnelles. Laura, la thérapeute de Marc-André, illustre bien cette façon de faire.

Pour le scénario, *perdre pied*, Marcel, le thérapeute de Sophie est très responsable et professionnel. C'est après la thérapie qu'il se laissera séduire par une proposition de Sophie et perdra pied.

Le scénario, *hors traitement*, est transparent: il s'agit de tous ces rendez-vous galants entre le thérapeute et la cliente qui se déroulent en dehors des heures et des lieux de la consultation. Encore une fois, le thérapeute utilise une rationalisation, je ne suis pas thérapeute en dehors de mon bureau, pour échapper à ses responsabilités et ainsi satisfaire ses besoins sexuels. Nicolas, le thérapeute de Rachel, a probablement échappé à la culpabilité puisque la relation d'amants s'est déroulée entièrement à l'extérieur des heures et des locaux de la thérapie.

---

3. Le contre-transfert est le phénomène par lequel le thérapeute tente inconsciemment de revivre avec ses patients certains aspects de sa vie passée, son scénario de vie (Weiner, 1975).

Le dernier cas *prends-moi*, est très fréquent puisqu'une bonne partie des clientes manifestent à un moment donné de la thérapie, une demande d'affection. Le thérapeute peut facilement en profiter, puisqu'il n'est pas rare que l'affection passe par la sexualité. Fabienne, Isabelle et Estelle en sont des exemples.

Comme nous pouvons le constater dans les six derniers scénarios du tableau 2, le rapprochement sexuel n'arrive pas comme un cheveu sur la soupe, mais se développe tout au long d'un processus. Il devient l'aboutissement d'un cheminement thérapeutique dans lequel la confusion s'est installée entre les rôles, les responsabilités, les devoirs et les besoins de chacun des partenaires. De plus, plusieurs scénarios se chevauchent dans une même histoire.

Faire l'amour avec sa cliente, faire l'amour avec son thérapeute, à qui cela arrive-t-il?

En venant aux groupes de rencontres, les clientes se demandaient bien si elles avaient des points communs et si leurs thérapeutes étaient les mêmes. Y a-t-il des façons de reconnaître les clientes les plus vulnérables et les thérapeutes types?

Les clientes victimes

La majorité des clientes dont il est question dans les recherches sont des femmes attrayantes, soit par leur physique, leur personnalité, et qui vivent l'intimité sexuelle avec un thérapeute de dix à quinze ans leur aîné. La recherche qui regroupe le plus grand nombre de témoignages (Bouhoutsos et al., 1983) confirme ce fait tout en dévoilant aussi la présence de relations homosexuelles et de relations hétérosexuelles où le thérapeute est une femme. Pope (1988), pour sa part, s'est adressé à des populations différentes. Il a envoyé un questionnaire à cent psychologues renommés leur demandant s'ils avaient eu comme clients des mineurs victimes d'intimité sexuelle avec leur thérapeute. Quatre-vingt-un cas furent rapportés. Un peu plus de la moitié sont des filles, le reste des garçons. L'âge des clientes filles varie de 3 à 17 ans et celui des garçons varie de 7 à 16 ans. Cette dernière recherche démontre la possibilité que des enfants, filles ou garçons, puissent être des victimes.

Schoener (1989), directeur du *Walk-In Counseling Center*, estime qu'il n'y a pas de clientes types mais plutôt des thérapeutes types. Certains thérapeutes préfèrent les jeunes filles, d'autres les femmes mûres, d'autres encore se rapprochent des clientes peu perturbées ou plus perturbées et, enfin, des thérapeutes abusent de toutes les clientes indifféremment. Les professionnels de ce centre ont rencontré, depuis quinze ans, plus de 1 300 victimes ce qui constitue le plus grand échantillon étudié à ce jour. Il semble que peu importe qui vous êtes, le danger ne vient pas de vous mais plutôt du thérapeute que vous consultez. Enfin, malgré leur pertinence, toutes ces données proviennent des États-Unis; il devient urgent d'en vérifier l'exactitude au Québec.

Trois recherches faites ici se sont penchées sur la problématique. La première, menée par Hélène Daigle (1980) de l'Université Laval, a porté sur sept femmes ayant vécu une intimité sexuelle avec leur thérapeute. Cette recherche confirme la croyance populaire selon laquelle les victimes sont majoritairement des femmes jeunes et attirantes. En effet, les clientes de cette recherche sont sept femmes plus jeunes que leur thérapeute et dont l'écart d'âge avec eux est en moyenne de huit ans. La deuxième recherche, de Carole Levert (1984), est un mémoire de maîtrise présenté à l'Université du Québec à Montréal et intitulé: «La place de la parole dans l'acting-in sexuel entre thérapeutes et clientes». Dans cette étude, Madame Levert a analysé le contenu d'entrevues effectuées auprès de quatre clientes victimes d'acting-in sexuel avec leur thérapeute. Il s'agit encore une fois de femmes d'environ dix ans plus jeunes que leur thérapeute et qui consultent pour les motifs habituels: difficultés émotives, sexuelles et de couples.

La plus récente recherche effectuée au Québec, «Les séquelles psychologiques de l'intimité sexuelle en psychothérapie» (Valiquette, 1989), s'est faite dans le cadre d'une étude doctorale à l'Université de Montréal. Le recrutement des clientes pour cette étude a été effectué par le biais des différents média d'information de la région de Montréal et des environs (articles dans une revue et différents quotidiens, entrevues à des émissions de télévision et de radio, communiqué envoyé à tous les membres de la Corporation professionnelle des psychologues du Québec). Tout au long du processus, l'accent a été mis sur l'aspect exploratoire de cette recherche. Tous étaient les bienvenus, quels que soient leurs sentiments par rapport à leur vécu. Cette étude évaluait les conséquences positives et négatives d'un rapprochement sexuel entre une cliente et son thérapeute, soit toute personne travaillant auprès de clientes dans une perspective de relation d'aide: médecin, psychiatre, criminologue, psychologue, travailleuse sociale, psychothérapeute en tout genre. Les personnes ayant vécu cette expérience et désireuses d'en faire profiter la recherche étaient assurées de la plus stricte confidentialité.

Quatre-vingt-trois femmes et 16 hommes ont répondu à l'appel. Différentes raisons nous ont amenées à rejeter plusieurs clients; le groupe étudié s'est finalement composé de 51 clientes. Voici les résultats de nos recherches. Plus de 85 % des clientes ont moins de quarante ans au moment de l'abus et près des deux tiers sont divorcées ou célibataires. Pour les thérapeutes, les deux tiers ont plus de 40 ans et près des trois quarts vivent en couple. Ces femmes viennent de différents milieux et ont des occupations diverses. Quatorze sont étudiantes, treize occupent les postes de secrétaire, huit se définissent comme ménagères, cinq ont des postes cadres alors que cinq autres sont sans emploi, trois sont professionnelles, deux sont professeures et une dernière travaille à temps partiel. Les motifs de consultation de ces femmes varient d'un désir de croissance personnelle à des difficultés psychiatriques majeures. Toutefois, les deux raisons les plus fréquemment invoquées sont la dépression (onze clientes) et des difficultés dans la vie de couple (huit autres clientes). Outre ces deux principaux motifs, il est question d'angoisse, de phobies, de difficultés sexuelles, de problèmes relationnels, de suicide et de somatisation. En d'autres mots, il s'agit là d'un échantillonnage représentatif des femmes qui vont en thérapie. Il n'est pas possible, suite à ces données, de faire ressortir un portrait type de la cliente qui risque d'être abusée par son thérapeute. Le stéréotype de la cliente jeune et séduisante n'est ni infirmé, ni confirmé. Il faut être prudent dans la généralisation de ces chiffres car ce sont les victimes qui ont choisi de participer à la recherche et non pas l'ensemble de toutes les victimes. Il est possible que les caractéristiques qui ressortent soient partiellement reliées aux types de personnes qui répondent à une telle demande. Il est impossible de savoir si cet échantillon est fidèle à l'ensemble des clients qui ont vécu un rapprochement sexuel avec leur thérapeute. Par exemple, il est plausible de se demander si les hommes ont moins tendance à répondre à de telles recherches que les femmes. Il faut aussi tenir compte du fait que, jusqu'à récemment, les hommes consultent moins les professionnels de la relation d'aide que les femmes. Il est plausible que le rapport de 5 hommes pour 53 femmes ou près de 90 % de femmes pour 10 % d'hommes ne soit pas la proportion exacte des clients victimes. Une partie de la population des victimes sont des femmes jeunes et attrayantes mais il y a aussi des hommes victimes de même que des enfants et il s'agit parfois de relations homosexuelles.

Les thérapeutes types

À partir des différentes recherches effectuées, il ressort que la majorité des thérapeutes concernés sont des hommes, soit 94 %, dont 48 % ont entre 40 et 49 ans. Ces thérapeutes ne semblent pas associés à une école de pensée particulière: tant les humanistes que les psychanalystes, les bio-énergéticiens ou les gestaltistes sont concernés. De plus, ces thérapeutes se retrouvent chez tous les professionnels de la santé mentale ou physique (omnipraticiens, gynécologues, psychiatres, psychologues, sexologues, travailleurs sociaux, etc.) Inutile de croire que ces thérapeutes sont majoritairement des charlatans puisque dans leur dernière recherche, Gartrell, Herman, Olarte, Feldstein, Localio (1987) soulignent que ceux qui ont vécu un rapprochement sexuel avec leur cliente ont plus souvent que les autres suivi un stage accrédité de même qu'une psychothérapie ou une psychanalyse. Donc, le rapprochement sexuel thérapeute-cliente n'est ni le fait d'un novice ni celui d'un ignorant, tout au moins dans la majorité des cas.

Sharon Butler (1975) a été la première à interviewer de façon structurée des thérapeutes ayant eu des rapprochements sexuels avec leur cliente. Vingt thérapeutes se sont portés volontaires, dix-huit hommes et deux femmes, dont la moyenne d'âge était de cinquante et un ans. Ces thérapeutes avaient de cinq à trente et un ans d'expérience. De ces thérapeutes, 90 % reconnaissaient être dans une période de vulnérabilité, de solitude et de besoin affectif au moment du rapprochement sexuel. Les carences affectives des thérapeutes étaient reliées à des mariages insatisfaisants, des séparations ou des divorces récents. Ces résultats vont dans le sens des conclusions faites à partir des études effectuées auprès des clientes: les thérapeutes ont en général plus de quarante ans et possèdent de l'expérience; l'intimité sexuelle n'est donc pas le fait de débutants.

Gonsiorek (1987), grâce aux données recueillies par le *Walk-In*

Counseling Center et suite aux multiples consultations données à la cour, a décrit six catégories de thérapeutes qui abusent de leurs clientes. Chacune de ces catégories est expliquée et suivie d'un exemple concret.

La **première** catégorie renvoie aux thérapeutes non informés. Il s'agit ici habituellement de paraprofessionnels qui opèrent dans le champ de la santé mentale et qui ont peu ou pas de formation professionnelle. Ces thérapeutes ignorent que le rapprochement sexuel avec une cliente est prohibé et cause des préjudices à la cliente. Les thérapeutes professionnels toutefois peuvent difficilement affirmer qu'ils ignorent le code de déontologie qui proscrit un tel comportement.

Carle, massothérapeute de Louise, serait sans doute très surpris d'apprendre que le rapprochement sexuel qu'il vit avec elle va à l'encontre de l'éthique professionnelle et lui cause beaucoup de préjudice. Il lui donne des massages sur une base régulière depuis un an. Louise parle souvent des difficultés de son couple et des multiples escapades de son mari alors qu'elle n'a jamais osé un tel comportement. Carle ayant senti les besoins de Louise, lui prodigue un massage plein de tendresse qu'il ponctue d'une invitation à plus d'intimité si elle le désire. Louise, en manque d'amour et en colère contre son mari, se laisse aller à une intimité sexuelle qui s'étale sur une période de six mois. Elle est en amour, se fout de son mari et est prête à suivre son massothérapeute dès qu'il le lui demandera. Mais Carle n'est pas en amour et bien qu'il était sincère dans son affection, il ne souhaite pas développer davantage cette relation d'intimité. Il désire mettre fin au traitement et à l'intimité sexuelle. Pour Louise, tout s'effondre: ses rêves et son espoir de sortir de sa relation maritale. Elle tente de se suicider quelques jours plus tard et personne ne comprend ce brusque événement puisque sa relation avec son thérapeute était secrète et qu'aux yeux des autres, elle semblait si heureuse depuis quelques temps! Carle ayant coupé tous les ponts ne connaîtra jamais ce dénouement.

Parmi les histoires citées dans ce manuscrit, sœur St-Gabriel, à travers son grand désir de dévouement auprès des jeunes filles peut sans doute être identifiée à ce type de thérapeute naïf. Elle ignore probablement le code de déontologie et les séquelles liées à des comportements d'intimité sexuelle auprès de ceux qu'elle aide. Sans doute relie-t-elle la faute davantage à son statut de religieuse qu'à celui de thérapeute abusif de la vulnérabilité des jeunes filles.

La **deuxième** catégorie est la plus importante numériquement, il s'agit de thérapeutes équilibrés ou moyennement névrotiques. Habituellement, ceux-ci enfreignent la règle juste une fois et dans une situation de vulnérabilité personnelle. Ces thérapeutes reconnaissent leur erreur, vont souvent y mettre fin par eux-mêmes, recherchent plus souvent de l'aide et le pronostic de réhabilitation est bon.

Bien que selon le *Walk-In Counseling-Center* ces thérapeutes soient les plus nombreux, aucun des thérapeutes des clients ayant participé à ce livre ne se retrouve dans cette catégorie. Peut-être est-ce dû au fait que ces thérapeutes reconnaissant leur erreur et voulant remédier à la situation, les clientes victimes vivent moins de séquelles et sont moins portées à joindre un groupe d'échange sur le sujet. De plus, ces thérapeutes n'abusent habituellement que d'une cliente et ne récidivent pas. Donc, même s'ils sont plus nombreux, le nombre de victimes demeure sans doute proportionnellement moindre. Louis, le premier thérapeute que nous avons rencontré, illustre bien ce type. De plus, inspiré de sources différentes, voici un exemple plausible de cette situation d'abus.

Louis-Paul, psychiatre depuis 15 ans, vit le deuil de son épouse décédée suite à un accident d'automobile. Il se retrouve seul avec trois enfants. Monica, cliente assidue depuis trois ans, apprend le drame de son thérapeute par les journaux. Elle est très attachée à son analyste et veut, par n'importe quel moyen, lui venir en aide. Femme de carrière, divorcée, Monica est une cliente très estimée par Louis-Paul. Il a toujours travaillé fort pour gérer son contre-transfert qui se manifestait par un attrait affectif et sexualisé envers cette femme qui représente pour lui la mère idéale qu'il n'a jamais connue. Sa propre mère est décédée alors qu'il n'avait que onze ans. Monica offre de garder les enfants durant les heures de travail du psychiatre, il refuse d'abord puis se sentant débordé par ses multiples tâches, accepte. Louis-Paul s'attache de plus en plus à cette cliente qui fait maintenant partie de son intimité par le biais de ses enfants et les séances de thérapie deviennent tranquillement un lieu d'échange sur les enfants puis sur leur vécu respectif. Louis-Paul ne voit plus très bien les effets de son contre-transfert, les conséquences de ses besoins personnels émotifs et sexuels et se rapproche de Monica. La thérapie n'a plus sa place et il devient évident que Louis-Paul et Monica sont dans une relation de mutualité et d'échanges affectifs et sexuels qui n'ont plus aucun lien avec le processus thérapeutique. Louis-Paul se réveille et décide de consulter un collègue spécialiste de ces situations. Lui et Monica entreprennent un processus de médiation afin de solutionner cette situation complexe et inadéquate pour les deux.

La **troisième** catégorie regroupe les thérapeutes qui manifestent des symptômes névrotiques sévères ou qui sont socialement isolés. Ces thérapeutes ont des problèmes émotifs sérieux de dépression et se voient souvent comme inférieurs et inadéquats ou supérieurs et prétentieux. Ils mettent facilement leur travail au centre de leur vie et deviennent dépendants de leurs clientes pour combler leurs besoins émotifs et sociaux. Ils n'ont pas l'intention première de vivre un rapprochement sexuel avec la cliente, mais la frontière professionnelle n'est pas claire et la situation d'intimité avec la cliente jouant, ils dépassent les limites de leur rôle et deviennent investis personnellement et sexuellement avec celle-ci. Tout en étant responsables de la situation, ils n'y mettent pas fin et trouvent plutôt des rationalisations pour justifier leur comportement. Contrairement aux membres de la catégorie précédente, ces thérapeutes retournent la culpabilité contre eux plutôt que de s'en servir comme tremplin pour arrêter leur comportement déviant. Il est certain que la réhabilitation de ces thérapeutes est moins évidente, compte tenu de leurs propres résistances et besoins affectifs.

Bien que les informations sur les thérapeutes cités dans les pages suivantes soient parfois déficientes, un portrait se dégage et permet une classification temporaire. Il est essentiel de saisir que toute classification n'est jamais exhaustive ou complètement hermétique. Par exemple, sœur St-Gabriel que nous avons classée parmi les thérapeutes non informés, peut aussi se retrouver dans cette troisième catégorie: elle serait à la fois mal informée et manifesterait des symptômes névrotiques sévères. Donc, certains thérapeutes chevauchent l'une ou l'autre des catégories. Ces nuances n'apparaissent plus lorsqu'une classification est effectuée mais elles existent quand même.

Quatre des thérapeutes abusifs des clientes dont on parle dans cet ouvrage se retrouvent dans cette catégorie: Samuel, le thérapeute de Sarah; Laura, la thérapeute de Marc-André; le père Gilles, le thérapeute d'Isabelle; François, le premier thérapeute de Sophie. Julien, un des thérapeutes qui s'est confié à nous, fait aussi partie de cette catégorie.

Prenons Samuel en exemple. Sarah l'a entendu une première fois, lors d'une conférence qu'il donnait à l'Université McGill et elle nous parle de lui comme d'un homme très impliqué dans son travail. Comme elle l'a si bien senti, cet homme était souffrant et sa vie affective n'était pas de tout repos. Par contre, Samuel ne voulait pas vivre une intimité sexuelle avec Sarah, il a même tenté à deux reprises de la référer. Pourtant il ne savait pas respecter les frontières liées au processus thérapeutique et les enfreignait régulièrement. Par exemple, le thérapeute livrait des informations sur sa vie privée qui n'apportaient rien à la cliente. Comme Sarah le mentionne lorsqu'elle refuse d'être référée et qu'elle veut régler la situation à l'intérieur de leur relation, «Il aurait dû savoir qu'il n'en allait pas de mon bien.» Sarah commence à saisir que c'est la responsabilité du thérapeute de veiller à garder la relation dans les limites du traitement et qu'il aurait dû maintenir sa décision de la référer malgré ses objections. Or Samuel, bien que sentant qu'il doive transférer cette cliente à un collègue et ne pas avoir de relation sexuelle avec elle, dépasse les frontières, enfreint son code de déontologie et vit de la culpabilité sans toutefois pouvoir agir en conséquence. Sa culpabilité ne sert qu'à le rendre plus malheureux, il ne réussit pas à la mettre à son service et à apprendre de cette expérience. Il y a peu de chance que Samuel ait compris le tort qu'il a fait à Sarah et il est probablement convaincu que c'est lui le plus misérable. Ses chances de récidive avec une autre sont grandes et sa réhabilitation douteuse.

La **quatrième** catégorie de thérapeutes regroupent les individus qui souffrent d'un trouble de contrôle des impulsions. Il s'agit de personnes qui ont des difficultés à maîtriser leur comportement et leurs impulsions. Habituellement, ces personnes manquent de jugement et ont souvent des comportements sexuels inadéquats ou professionnels déviants. Ils font du harcèlement sexuel auprès de collègues ou du personnel et ils manifestent souvent des comportements sexuels compulsifs dans leur vie personnelle. Ce sont des thérapeutes qui vont récidiver et avoir des rapprochements sexuels avec plusieurs clientes. Ils ne vivent habituellement pas de remords sauf s'ils appréhendent de graves conséquences; il est peu plausible que ces thérapeutes comprennent les séquelles liées à leur comportement. Ces thérapeutes ont peu de chance d'être réhabilités.

Nicolas, le thérapeute de Rachel, se retrouve dans plusieurs critères de cette catégorie. Sa première interprétation, «Toute votre attitude veut séduire», en dit long sur ses propres attitudes et sur la rapidité avec laquelle il porte un jugement plutôt biaisé, laissant peu de place à l'exploration de la cliente. Il n'est donc pas surprenant que, quelque temps après, réalisant que la cliente ne revient pas, il lui écrit et outrepasse très clairement son mandat. D'une part, il se dévoile de façon inadéquate et d'autre part, il la sollicite par une lettre: «Votre recherche m'a visiblement ému et j'y pense souvent dans le silence. Peut-être répond-elle à la mienne dans quelque chose d'essentiel.(...) S'il était possible de se revoir pour se parler un peu, ça me ferait plaisir.» Comme nous le voyons, ces thérapeutes ont des comportements sexuels compulsifs. Nicolas répond bien à ce critère avec ses multiples amies. Lors de la soirée racontée par la cliente, il s'éclipse deux heures avec une amie, enlace la cliente et lui manifeste son désir puis, quelques instants après, elle l'aperçoit en grande démonstration de baisers érotiques avec une autre. Et Rachel ajoute: «Nicolas m'encourageait à ne pas me poser trop de questions et à prendre ce qui s'offrait à moi.» Nicolas savait bien prendre et provoquer ce qu'il désirait.

La **cinquième** catégorie concerne les thérapeutes aux prises avec des troubles de personnalité antisociale ou narcissique. Ce groupe ressemble beaucoup au précédent sauf qu'ils sont plus rusés et délibérés dans leur utilisation de la sexualité dans le processus thérapeutique. Ces thérapeutes séduisent volontairement les clientes et les conduisent selon leur propre volonté à faire ce qu'ils souhaitent sur le plan sexuel. Ils savent bien se protéger et vont aussi s'impliquer dans l'exploitation financière de clientes. En voici quelques exemples: un thérapeute utilise les services d'une cliente comme secrétaire sans la payer, ou si peu, et celle-ci se sent honorée de la confiance du thérapeute et ne demande pas son dû en retour; un thérapeute achète à gros rabais chez une cliente qui a un commerce; un autre emprunte à titre d'ami une grosse somme d'argent à une cliente riche et ce, à un taux ridiculement bas. Ces thérapeutes sont très habiles pour convaincre les clientes, les collègues et les autorités concernées afin d'éviter les conséquences liées à leur comportement déviant. Leur réponse suite à une accusation est habituellement violente et leur contre-attaque légale est bien planifiée et souvent fructueuse. Ils utilisent les autres pour leurs profits personnels, ils n'éprouvent pas de culpabilité ou de remords et ne se soucient pas des conséquences possibles. Ils ne peuvent être réhabilités. Ils vont chercher de l'aide pour mieux paraître, mais abandonnent dès que cela confronte leurs propres désirs.

Deux de nos histoires peuvent être placées dans cette catégorie: M. Gauthier, thérapeute d'Évelyne et le Dr Richer, thérapeute d'Estelle. M. Gauthier invite son étudiante Évelyne à le consulter. Bien qu'elle sache déjà qu'il a tenté de séduire une autre de ses amies, Évelyne ne peut croire à la mauvaise volonté d'un tel homme. Celui-ci amène cette jeune étudiante à faire exactement ce qu'il souhaite et la remercie lorsqu'il n'en a plus besoin: la thérapie est terminée. Quel soulagement pour la cliente, mais elle n'est pas au bout de ses peines car les comportements de M. Gauthier ont laissé des cicatrices qui apparaîtront au fil des jours. Quant à celui-ci, il a utilisé Évelyne pour son profit personnel et il ne se soucie aucunement des conséquences possibles pour cette jeune fille. Elle le rencontre plus tard à l'Université où il donne des cours. Elle est saisie d'une peur qu'il lui fasse du mal si jamais elle révèle ce qui lui est arrivé.

La **sixième** catégorie concerne les personnalités limites ou psychotiques. Cette catégorie comprend différents types de thérapeutes dont les problèmes sont caractérisés par un jugement social pauvre, une vision distordue de la réalité et certaines altérations de la pensée. Ils sont souvent psychologiquement très perturbés et entraînent les clientes dans leurs déviances sexuelles à travers cette perception erronée de la réalité. Vu la sévérité de leurs problèmes, ces thérapeutes ont un pronostic de réhabilitation faible. Il varie énormément en fonction de leur problématique en terme de remords, culpabilité et compréhension des séquelles liées à leur comportement.

Simon, le thérapeute de Marjolaine, semble correspondre à cette catégorie de thérapeute. Comme la cliente le mentionne, il est malade. Cet homme, un comédien hors pair, se prend presque pour Dieu et s'annonce comme un spécialiste de toutes les sciences. Il n'accepte aucune confrontation et pousse presque les clientes vers la folie, surtout s'ils ont des antécédents les rendant plus vulnérables. Il n'y a aucune limite aux caprices érotiques de cet homme. Il agit comme un gourou, provoque une dépendance extrême chez ses clientes afin d'asseoir sa toute-puissance vis-à-vis d'elles. Marjolaine a failli sombrer dans la folie et a tenté de se suicider; c'est sûrement grâce à sa force, à sa persévérance et à l'aide de son deuxième thérapeute qu'elle a pu échapper au désespoir.

Après l'énumération de ces différents types de thérapeutes fautifs, il devient évident que tout thérapeute doit se sentir concerné par le risque du désir sexuel pour une cliente et celui du passage à l'acte! En effet, qui peut jurer ne jamais vivre de période de vulnérabilité ou de solitude? Aussi, être informé de ce risque comporte, non pas une garantie mais sûrement une protection importante pour toute personne travaillant auprès de clientes dans le domaine de la santé physique ou psychologique. Ainsi, la reconnaissance de ce potentiel d'abus est-elle essentielle pour prévenir l'exploitation sexuelle des clientes. Il est primordial de comprendre que ces comportements sont problématiques non pas parce qu'ils sont sexuels mais bien parce qu'ils sont abusifs.

Conclusion

Le rapprochement sexuel en thérapie est une pratique beaucoup trop répandue. C'est une pratique interdite et nuisible, entretenue par le silence complice des principaux acteurs et témoins. Ressemblant étrangement à la problématique de l'inceste, la rupture du silence est essentielle pour retrouver le chemin de l'espoir.

Tout intervenant de la relation d'aide risque un jour de dépasser les frontières thérapeutiques. Nul n'est à l'abri et ce n'est que la conscience de ses vulnérabilités et des dangers encourus qui aideront le professionnel à prendre les moyens nécessaires pour respecter le caractère professionnel de la relation thérapeutique. La mise en place de frontières et de limites, maintenant la relation d'aide dans son champ propre, est la seule responsabilité du professionnel. Faillir à cette responsabilité ou encore vouloir faire partager cette responsabilité à la cliente, est un abus de pouvoir. Lorsqu'il y a relation sexuelle, la relation thérapeutique est un échec, car ces deux types de relation sont incompatibles de par leurs objectifs et leur nature.

Deuxième partie

Histoires vécues de clientes

Six témoignages de ce chapitre ont été rédigés à la suite d'une rencontre de groupe réunissant des personnes ayant accepté que leur histoire paraisse dans ce livre. Pour différentes raisons, trois clientes nous ont plutôt raconté leur expérience dans une rencontre individuelle et une dernière nous a communiqué son récit dans une lettre. Tous les noms ainsi que certains détails biographiques pouvant permettre l'identification des clientes ou des thérapeutes ont été changés afin de préserver leur anonymat. Nous tenons à remercier tout particulièrement ces femmes de leur disponibilité et de leur générosité.

Rachel et Nicolas

Rachel, quarante-trois ans, possède un sens de l'humour séduisant, enviable. Elle captive et fait rire par ses réparties vives et comiques. Pour passer au travers des angoisses de sa séparation d'avec son thérapeute, elle a écrit une nouvelle, une histoire romancée de son vécu. Durant la nuit précédant la rencontre de groupe, elle a ressorti le manuscrit poussiéreux. Elle l'a relu et en a rayé les passages romancés. Il est temps de crever les ballons chargés d'illusions, se disait-elle. L'histoire qu'elle raconte ne tient plus du roman.

Je suis la troisième d'une famille de onze enfants. Dès l'âge de six ans, j'ai eu des responsabilités d'adulte. Je me souviens d'avoir reçu une volée parce que ma petite sœur de quatre ans avait traversé la rue, alors que j'étais censée la surveiller!

Nos parents nous disaient que l'on formait une belle famille! Pourtant, on a souffert d'une grande solitude. Notre mère a eu une vie très difficile. Elle a aimé notre père comme une folle. Elle en faisait pitié, une sorte de Donalda. Une femme sacrifiée que son amour a égaré... elle n'a pas su se protéger, ni protéger ses enfants de cet homme agressif et malin qui nous faisait continuellement des misères. On a tellement haï notre père! On faisait des complots pour le tuer, on s'imaginait qu'on l'empoisonnait. On cherchait une façon de ne pas se faire prendre. Une de mes sœurs avait rêvé qu'elle avait tué mon père, qu'elle l'avait poignardé. J'ai fait ma large part pour que les plus jeunes de la famille soient mieux protégés que nous, les plus vieux, l'avions été.

Je me suis mariée avec un homme que je n'aimais pas vraiment. Je voulais partir de la maison. Dans mes exigences face à cet homme que j'allais épouser, je ne pensais qu'en termes négatifs: qu'il ne boive pas, qu'il ne joue pas et qu'il ne fasse pas de colère. Tous ces aspects me rappelaient trop mon père. J'ai eu trois enfants qui sont grands maintenant, j'ai voulu leur donner ce que je n'avais pas eu étant enfant. J'ai assez bien réussi, je me sens très proche d'eux.

Au début de mon mariage, tout allait bien. Puis mon mari s'est mis à boire. C'était l'enfer à la maison. Je me suis mise à travailler très fort, je fuyais et je me sentais très coupable. Mais c'était plus fort que moi! À cette époque, un de mes enfants a eu un gros accident de bicyclette. Son cerveau a été sérieusement endommagé. Durant dix ans, je m'en suis occupé sans arrêt. J'allais le faire manger, le laver, le cajoler, etc. Dans cette vie pleine de tristesse et de responsabilités qui était la mienne, je suis devenue tellement fatiguée que j'aurais voulu mourir!

Ce sont trois petits accidents de voiture et de violents maux de tête qui m'ont fait réaliser que j'étais en train de dépasser mes limites. Je me suis retrouvée dans un cabinet de médecin. Il m'a dit que je devais mettre de l'ordre dans ma vie si je voulais retrouver un certain bien-être physique et moral. Il m'a suggéré d'aller rencontrer un psychologue car il semblait que j'étais incapable de faire face à certains problèmes et que j'étais en train de m'épuiser à fuir. J'étais sonnée d'apprendre que j'en étais rendue là! Étais-je sur la voie de la dépression?

J'ai téléphoné à une clinique de psychothérapie. Je me sentais toute nerveuse de faire une telle démarche, le cœur me débattait.

Deux jours avant de me présenter à mon rendez-vous, il me semblait que tout allait bien, que tout allait mieux! Je suis arrivée au rendez-vous avec une demi-heure de retard, complètement paniquée. Avais-je vraiment besoin d'aide? J'en doutais. J'avais toujours mené ma barque seule même durant mon enfance.

Le psychothérapeute qui me fut désigné était un homme, un certain Nicolas Clarenzo. Je l'ai trouvé sympathique. Durant cette première entrevue, il m'a écoutée avec tellement de concentration que je me suis sentie bouleversée. Je n'avais pas souvenir que quelqu'un m'ait porté autant d'attention de toute ma vie.

À la deuxième entrevue, il s'est placé derrière mon dos. Cette attitude m'a complètement bloquée, je ne pouvais plus parler. Cette présence silencieuse me faisait mal. «Maman, parle-moi», aurais-je eu envie de crier! Puis vers la cinquième entrevue, il y a eu ce rêve qui est venu mêler toutes les cartes:

> Je me trouvais dans un appartement inconnu, un lit blanc se trouvait au fond de la pièce. J'étais là, presque nue. Une forme humaine se détachait de l'ombre, c'était Nicolas qui s'avançait vers moi pour m'embrasser. Au moment où il se penchait vers moi, bang!, je recevais plutôt un formidable coup de poing en pleine figure.

Je ne comprenais pas ce rêve et j'ai décidé de le raconter à mon thérapeute. Il m'a dit que ce rêve signifiait que je voulais le séduire. «Toute votre attitude veut séduire», me dit-il. J'ai toujours été un bébé souriant, un bébé qui plaisait. C'était moi. Il ne fallait surtout pas qu'il pense que je voulais le séduire! Je me sentais super coincée par son interprétation. J'ai cherché la définition des mots dans le dictionnaire. J'étais désarçonnée, je lui ai annoncé que je ne reviendrais plus en entrevue. Il m'a expliqué que j'avais de l'agressivité refoulée face à ma mère. Je ne comprenais pas trop ce que ma mère venait faire là-dedans. Pourtant, il avait raison. J'avais de l'agressivité face à ma mère, je me suis revue à l'âge de six ans, déchirant une photo de ma mère. Qu'il me parle de cela maintenant, me rendit confuse.

J'y suis retournée pour lui dire qu'il s'était trompé, je le suppliai de me dire que la thérapie était finie. Nicolas disait que les choses reviendraient dans l'ordre, que le temps replacerait la situation. «Rien ne se replacera, si vous pensez que je veux vous séduire», lui ai-je répondu. Il m'a fixé un rendez-vous à la même heure la semaine suivante. Je lui ai dit que je ne viendrais pas. Il y avait eu huit entrevues en tout et partout.

Je ne suis pas allée à mon rendez-vous mais je me suis rendue à la clinique pour vérifier s'il m'avait effectivement attendue. Je me trouvais folle. Il est sorti au bout d'une demi-heure, l'air choqué. J'ai effectivement abandonné ma thérapie, mais cet homme m'habitait. Je pensais très souvent à lui dans ma vie délabrée.

Mon mari prenait toujours un coup, c'était le bordel à la maison. Cet échec thérapeutique m'avait laissée dans un sentiment de solitude extrême, encore plus grand que celui que je ressentais avant d'aller consulter. Ma vie n'avait plus de sens, cela m'apparut comme une évidence. Je devais faire quelque chose. Peut-être était-ce ce goût de désespoir qui m'a donné le courage de dire à mon mari que s'il voulait continuer cette vie de fou, il le ferait seul. Cet ultimatum était très sérieux, ce n'était pas du chantage. Il l'a sûrement senti car, croyez-le ou non, il s'est mis à changer. J'étais sur mes gardes mais je ne pouvais m'empêcher de constater qu'il était vraiment en train d'arrêter de boire.

Deux mois plus tard, alors que ma vie semblait reprendre un peu du poil de la bête, j'ai reçu une lettre de ce cher Nicolas, mon thérapeute:

> Votre recherche m'a remarquablement ému et j'y pense souvent dans le silence. Peut-être répond-elle à la mienne dans quelque chose d'essentiel. Vous vous interrogez sur la vie, sur la mort, sur l'amour avec tant d'ouverture sur le monde. Une image de tendresse et de douceur vous accompagne. S'il était possible de se revoir pour se parler un peu, ça me ferait plaisir.

J'ai pris cette lettre et l'ai pressée sur mon cœur devenu fou. J'ai quand même pensé: si mon mari était tombé sur cette lettre-là! Je trouvais qu'il me faisait courir des risques. Mais tout cela ne fut qu'une pensée fugitive, l'important c'était qu'il m'ait écrit, et je n'avais qu'un désir: courir à sa rencontre. Je suis allée l'attendre à la sortie de la clinique. Deux heures d'attente, la nervosité s'emparait peu à peu de moi. Le voilà enfin! Lorsqu'il m'a aperçue, il a semblé heureux de me voir. On est allé prendre un verre et on s'est retrouvé chez lui pour fêter l'explosion de deux corps passionnés!

J'ai ressenti de la culpabilité au bout de deux semaines. Je me suis réveillée en pensant que j'avais fait un gros mauvais coup. Dès ce moment-là, la lutte épuisante entre le rêve et la réalité s'est installée. J'étais certaine qu'il m'aimait. J'avais peur de perdre les pédales. Je pensais à mon mari en me disant: on n'abandonne pas un malade. J'avais le sentiment de pouvoir le démolir. Je me suis mise à mener une double vie avec tout ce que cela comporte de gymnastique extérieure et intérieure. C'était épuisant. Il faudra bien mettre une limite à un moment donné.

Ce fut l'amour-passion durant cinq mois. C'était l'ivresse! Nous faisions l'amour comme des déchaînés. Nous buvions à la même source avec frénésie, infatigables, insatiables, nos corps se retrouvaient, toujours plus chauds, toujours plus ardents, à chaque fois que nos horaires respectifs nous le permettaient. Je vibrais à son regard, au moindre effleurement. Nicolas m'encourageait à ne pas me poser trop de questions et à prendre ce qui s'offrait à moi, ce que je fis tant bien que mal. Puis, lentement, subtilement, les choses se sont mises à changer. Nicolas mettait de la pression pour me voir plus souvent. Je me sentais coincée. J'essayais de voir comment je pourrais répondre à ses attentes.

Un événement m'a ouvert un peu plus les yeux tout en me déchirant littéralement le cœur. Nicolas était invité au vernissage d'une de ses amies. C'était un milieu assez petit, je pouvais me faire inviter aussi. Ce que j'ai fait sans dire un mot, pour lui faire une surprise. Je me suis mise à mon meilleur. J'étais belle, et je me suis présentée à la fête. Quand il m'a aperçue, il a laissé son escorte, a traversé la salle et est venu à ma rencontre l'air très heureux. Il était visiblement content de me voir là. Cet accueil m'a réchauffé le cœur. Ça faisait tant de fois qu'il me disait qu'il aimerait être avec moi en public, je refusais toujours. Enfin, j'avais osé. J'étais là, il était là, heureux. Il m'a demandé un peu de temps pour aller reconduire sa compagne. Il s'est absenté deux heures. J'ai trouvé le temps un peu long. J'ai eu un petit pincement de peur mais j'ai passé outre, me rappelant son accueil si chaleureux. Lorsqu'il est revenu, je n'ai fait aucun commentaire. Nous avons quitté la soirée avant la fin. Il m'a raccompagnée à ma voiture, nous nous sommes embrassés longuement et tendrement. J'étais amoureuse et cet amour m'était rendu, quel bonheur! Nous nous sommes quittés à regret. Bouleversée, heureuse, je pris quelques minutes avant de démarrer, histoire de retrouver un peu mes esprits. Ce temps d'arrêt m'a permis de voir une scène accablante. Un peu plus loin dans le stationnement, Nicolas, qui me croyait sûrement partie, embrassait à pleine bouche cette fille qui venait de faire le vernissage! J'en ai eu le souffle coupé. Je me suis mise à hurler comme une bête blessée. Cet homme pouvait-il aimer aussi intensément plusieurs femmes à la fois? Car j'étais certaine qu'il m'avait aimée mais, il me revenait aussi en mémoire des phrases qu'il avait égrenées ici et là dans la conversation: j'ai beaucoup d'amies, je ne veux pas prendre racine, je me sens dispersé, etc. La réalité était loin de mon rêve. L'atterrissage était douloureux.

Par la suite, les rendez-vous se sont espacés, il était plus occupé. Il avait besoin de se changer les idées, disait-il. Un matin, j'appelle chez lui, c'est une femme qui répond. C'est atroce. Sur le coup de l'émotion, je lui écris cette lettre:

Cher Nicolas,

Pourquoi? Dans ma tête, ça ne tourne plus rond. Qu'est-ce que je suis pour toi? Une étincelle dans ton feu d'artifices? Carole, Marisa, Diane... et qui encore? Tu me fais penser à Serge Lama avec ses Juliette, Françoise ou Simone! Nicolas, je t'aime et j'ai l'impression de ne pas être pour toi ce que tu es pour moi. Dis-le moi franchement. Tu n'as pas le droit de laisser quelqu'un t'aimer autant si tu ne partages pas ses sentiments. Quand l'amour commence à faire mal, n'est-il pas plus sage de se retirer?

Cette lettre était douce si je pense à l'atroce douleur qui m'habitait. Mais je ne pouvais pas lui faire de mal, c'était plus fort que moi, je le comprenais. Je voulais qu'il soit heureux! Il s'est mis à me parler qu'il aimerait s'engager avec quelqu'un de plus jeune, avoir des enfants. Tout cela semblait lointain, sauf que la semaine suivante, il m'annonçait qu'il partait en voyage pour un mois. Au retour, il m'a parlé d'une certaine Suzanne, vingt-quatre ans. J'avais le cœur fendu. Tout cela semblait sortir d'une boîte à surprise, il n'avait pas eu le courage de me dire la vérité.

On s'est quitté il y a six mois, je voudrais bien vous dire que je n'ai plus le goût de le revoir. Ce serait faux, j'ai de la peine à en mourir. Avant de venir vous raconter mon histoire, j'ai passé la nuit à tout relire ce que j'ai écrit pour survivre à la rupture. Je ne savais pas si je serais capable d'aller au bout. C'était très difficile d'accepter d'en parler. Comme si je trahissais notre amour, comme si j'acceptais enfin de m'avouer que Nicolas m'avait fait plus de tort que de bien et comme si j'acceptais de dire que cette relation était malsaine. Je sais que ce n'était pas une relation saine, j'ai déjà eu d'autres coups de foudre dans ma vie et ça ne m'a jamais laissée avec autant de tristesse!

J'apprécie que vous ne me poussiez pas à le dénoncer et à porter plainte. Si je n'avais pas senti ce respect de votre part, je n'aurais pas parlé. Je ne veux pas lui faire de mal.

Observations:

Rachel parle clairement de la grande vulnérabilité qu'elle ressentait lorsqu'elle a accepté de suivre le conseil de son médecin et d'aller consulter un psychologue, «J'ai téléphoné dans une clinique de psychothérapie. Je me sentais toute nerveuse de faire une telle démarche, le cœur me débattait.» Cette expérience de relation d'aide était un monde tout à fait inconnu pour elle, «J'avais toujours mené ma barque seule même durant mon enfance.» Depuis son jeune âge, Rachel a appris à ne se fier qu'à elle-même. Demander de l'aide l'inquiète.

Lorsqu'elles arrivent en thérapie, toutes les clientes vivent, d'une façon ou d'une autre, un tel sentiment de vulnérabilité. Celui-ci laisse énormément de place à l'influence du thérapeute. «Il m'a écoutée avec tellement de concentration que je me suis sentie bouleversée. Je n'avais pas souvenir que quelqu'un m'ait porté autant d'attention de toute ma vie.» Le thérapeute prend ainsi souvent, dès la première entrevue, une place très significative dans la vie de la cliente. Nicolas aura beau jeu. L'abus de pouvoir du thérapeute se manifeste ici, en premier lieu, par une interprétation abusive du rêve de la cliente.

Reportons-nous au rêve. «Je me trouvais dans un appartement inconnu, un lit blanc se trouvait au fond de la pièce. J'étais là, presque nue. Une forme humaine se détachait de l'ombre, c'était Nicolas qui s'avançait vers moi pour m'embrasser. Au moment où il se penchait vers moi, bang!, je recevais plutôt un formidable coup de poing en pleine figure.»

Il est possible de penser que, dans son rêve, Rachel exprime son sentiment de vulnérabilité devant le psychologue, en se voyant comme presque nue. Le thérapeute s'avance pour la prendre et, au moment où elle lui fait confiance, elle reçoit un solide coup de poing.

Ce coup de poing peut parler de la peur qu'elle a d'être abandonnée ou d'être trompée au moment où elle fait confiance. Pour saisir la signification du rêve, un travail de collaboration entre le thérapeute et Rachel aurait dû s'installer. Au lieu de cela, en affirmant: «Toute votre attitude veut me séduire», Nicolas fait à Rachel une interprétation pas nécessairement fausse mais tout au moins prématurée, qui résonne comme une accusation et une menace. Sans prendre note du désaccord de Rachel, Nicolas maintient son point de vue. À ce moment précis, Rachel vient, à toutes fins pratiques, de recevoir son premier coup de poing.

«Ce fut le grand amour durant cinq mois.» Nicolas est-il véritablement tombé en amour avec Rachel? C'est probablement ce qu'il a cru même si cet homme multipliait les conquêtes féminines et ne s'attachait à aucun port. Plutôt que de parler d'amour, il semblerait plus juste de parler d'attirance sexuelle et d'un manque de contrôle des impulsions. Durant les premières entrevues, Nicolas a vraisemblablement été séduit par cette femme mature, pleine d'humour et de profondeur: «Votre recherche m'a remarquablement ému», lui écrit-il. Il a été incapable de se contrôler.

Il est permis de penser que l'interprétation de Nicolas n'était qu'une projection de ses propres désisrs. C'est ainsi qu'il a été incapable d'écouter les besoins de Rachel. Plus tard, il viendra relancer cette dernière et lui proposer ni plus ni moins qu'une relation d'amant-maîtresse, ce qu'il désire depuis le début, semble-t-il. Encore là, Nicolas mène la barque. Il prend toutes les initiatives dans leur rapport amoureux: «Deux mois plus tard, alors que ma vie semblait reprendre un peu du poil de la bête, j'ai reçu une lettre de Nicolas.» Rachel manifeste des inquiétudes. Elle ne se sent pas prête à bouleverser sa vie et à abandonner un mari malade. Elle se sent coupable et déchirée. Malgré tout, Nicolas demande à Rachel de taire ses inquiétudes et de garder silencieuse toute une partie d'elle-même: «Nicolas m'encourageait à ne pas me poser trop de questions et à prendre ce qui s'offrait à moi.» Il est possible de décoder qu'il pensait surtout à son propre plaisir. Le thérapeute avait complètement disparu au profit de l'amant. Il n'y avait aucune place pour les besoins ressentis par Rachel.

Que Nicolas ait plus d'une femme dans sa vie ne concerne personne et celui-ci pourrait être un très bon thérapeute tout en multipliant les conquêtes féminines. Dans sa vie privée, ses choix lui appartiennent. Là où le bât blesse, c'est lorsqu'il mêle sa vie privée à sa vie professionnelle. Lorsqu'il choisit de combler ses besoins affectifs à même sa clientèle, il commet un acte d'irresponsabilité professionnelle étant donné l'immense pouvoir dû à la vulnérabilité de la cliente. Pour Rachel, Nicolas ne sera jamais un homme comme un autre. Il est possible de constater que, même si la relation amoureuse se déroule après la thérapie comme c'est le cas ici, les conséquences seront les mêmes que si la relation sexuelle avait eu lieu en cours de thérapie.

En effet, cette expérience laissera des séquelles. La plus importante à long terme se rapporte au vécu de Rachel. Ayant été enfant de parents peu responsables et ayant un mari souffrant d'alcoolisme, il semble que Rachel se soit beaucoup organisée seule dans la vie. Cette solitude lui pèse maintenant. Devant l'attitude attentive de Nicolas lors de la première entrevue, Rachel est tentée de s'abandonner pour une fois. Elle est tentée de faire confiance mais, bang, elle reçoit encore un coup de poing. Comme dans son enfance, elle se retrouve avec un parent irresponsable et peu protecteur. La répétition de ce scénario viendra cristalliser chez Rachel la certitude qu'il n'y a personne sur qui elle peut compter. Elle continuera de s'organiser seule, ce qui est fort dommage. Il existe sûrement des personnes dignes de confiance qui pourraient soulager son fardeau et apprécier ses richesses à sa juste valeur.

Il serait étonnant que cette cliente retourne consulter à nouveau puisqu'il fut si difficile pour elle de tenter cette démarche une première fois. Rachel nous est apparue déprimée, malgré son sens de l'humour. C'est inévitable, la répétition de nos scénarios nous laisse toujours un peu désespérés et désemparés.

Rachel est encore envahie émotivement par cette rupture: «Je ne savais pas si je serais capable d'aller jusqu'au bout. C'est très difficile d'accepter d'en parler.» Nous touchons là les séquelles plus immédiates. Rachel nous confie qu'une immense tristesse l'habite. De plus, elle apparaît tourmentée comme quelqu'un qui tente de se séparer d'une drogue. Après six mois de rupture, même si elle sait que Nicolas voit d'autres femmes et qu'il ne partage pas le grand amour qu'elle lui offrait, elle se demande si elle résistera à l'appeler. Vivre une telle ambivalence veut dire vivre une grande souffrance. Cette douleur est souvent presque physique... comme si le cœur était dans un étau: «Cette lettre était douce si je pense à l'atroce douleur qui m'habitait. Mais, je ne pouvais pas lui faire de mal, c'était plus fort que moi, je le comprenais... on s'est quitté il y a six mois, je voudrais bien vous dire que je n'ai plus le goût de le revoir. Ce serait faux, j'ai de la peine à en mourir.»

Dans l'ambivalence, la cliente est littéralement déchirée. D'un côté, Rachel vit de l'affection et de l'amour pour cet homme qui représentait tant pour elle, et d'un autre côté, elle vit une énorme déception, de la colère et de la rage devant cet homme qui l'abandonne pour une autre femme. «Il m'a parlé d'une certaine Suzanne, vingt-quatre ans. J'avais le cœur fendu. Tout cela semblait sortir d'une boîte à surprise, il n'avait jamais eu le courage de me dire la vérité.» Une telle ambivalence rend la rupture longue et extrêmement douloureuse. La cliente est incapable de décrocher de son rêve et peut perdre ainsi plusieurs années de sa vie.

Pour ne pas couler à pic, *pour survivre à la rupture*, Rachel écrit une nouvelle inspirée de son expérience. C'est pour elle un bon moyen d'adaptation, un moyen qui lui permet de prendre un peu de distance avec son vécu et surtout de crier sa souffrance. C'est précieux, car comme la plupart des victimes, Rachel est complètement isolée avec son secret. Personne n'est là pour la consoler. Rachel a beaucoup de ressources et de talents, ce qui lui facilite la tâche, mais c'est aussi ce qui la maintient dans la possibilité de toujours se débrouiller toute seule.

Estelle et le Docteur Richer

Estelle présente une image très particulière. «Je suis comme une oie blanche qui se fait toujours organiser.» Ce surnom lui est demeuré. Pourquoi Estelle se perçoit-elle ainsi? Cette image est intrigante. Blonde, aux yeux bleus, une belle peau laiteuse, Estelle peut à la fois sembler très vulnérable et très forte. Le regard froid et direct, le débit lent et contrôlé. Il nous faudra dépasser ces perceptions et cette image pour rejoindre la véritable Estelle.

La vie est difficile ou ma vie est difficile, voilà tout mon dilemme. Quand je réussis à dire que la vie est difficile, j'accepte qu'elle soit difficile pour tout le monde, que chacun ait son lot, que chacun ait ses problèmes à résoudre et que la seule chose qui m'importe est de faire face et de régler les difficultés qui se présentent dans ma vie. Certains jours, j'y arrive. Mais plus souvent qu'autrement, je n'arrive pas à faire le pas. Je reste là à me plaindre, à me convaincre que ma vie est plus difficile que celle des autres, que je ne suis pas chanceuse, moi! Tout se ligue contre moi. Dans ce temps-là, je ne peux m'empêcher de faire pitié et je m'en veux de faire pitié, je deviens enragée contre moi et contre le monde entier. C'est absolument infernal! Je ne suis qu'une oie blanche, je me fais toujours organiser! Qu'est-ce que j'ai d'écrit dans la face pour que tout le monde profite ainsi de moi? Mon mari a profité de moi, mon avocat m'a roulée et mon psychiatre s'est foutu de moi. À qui voulez-vous que je fasse confiance? Voilà ma principale complainte. J'essaie de me débrouiller seule maintenant. À court terme, c'est probablement une bonne solution, mais à long terme, c'est invivable, on ne peut pas rester dans un tel isolement. J'ai besoin de parler de ce qui m'est arrivé. J'aimerais en parler sans me plaindre, sans me sentir une victime, est-ce possible?

J'avais déjà un grand manque de confiance en moi quand je suis allée rencontrer pour la première fois le Docteur Richer, psychiatre dans un grand hôpital de la région de Montréal. Mon mari a pris un rendez-vous car nous avions des difficultés dans notre relation de couple et il m'en croyait responsable. J'étais assez d'accord avec son verdict quoique j'aurais préféré que l'on consulte en couple mais le Dr Richer ne prenait pas de couple en thérapie. Comme je n'avais jamais réussi à garder d'amitiés durables et que tous les liens que j'avais noué jusque-là finissaient par mal tourner, même avec ma famille, je me suis vite sentie responsable de nos difficultés de couple. J'avais sûrement quelque chose qui clochait. Mon mari avait de l'ascendant sur moi. De six ans mon aîné, il menait tout à la maison, surtout le budget, et il était très possessif. Je me rebellais un peu en paroles mais je ne faisais rien car j'avais peur qu'il me mette à la porte. Ma relation avec mon père s'était terminée ainsi: il m'avait mise à la porte et j'avais toujours la hantise que cela se reproduise. Je me sentais marquée, comme on marque une bête au fer rouge. Je me suis durcie, pourtant, ce rejet de mon père est encore en moi aussi présent qu'au premier jour et je n'arrive absolument pas à mettre un terme à cette expérience douloureuse.

Mes parents avaient été des enfants amochés par la vie. Ma mère était la troisième d'une famille trop nombreuse de quinze enfants. À cause de leur grande pauvreté, elle dut quitter l'école très jeune. C'est à travers cette situation qu'elle vécut l'injustice, la dure réalité de la p'tite misère. Elle s'était promis que ses enfants étudieraient. Mon père, l'aîné de trois enfants, fut abandonné par ses parents lorsqu'il était tout jeune et élevé dans un orphelinat.

Nous étions cinq. On vivait simplement. Mes parents se sont donnés corps et âme pour que l'on soit bien physiquement. Mais, ils étaient froids. Papa ne parlait jamais. J'avais très peur de lui. Je pensais qu'il ne me parlait pas parce que j'étais une enfant. Je me disais que quand je serais grande, il me parlerait. On ne manquait de rien mais je n'avais jamais un sou en poche, je ne pouvais suivre mes amis. Papa contrôlait l'argent d'une façon un peu maladive comme mon mari par la suite. J'en ai beaucoup souffert. Je me sentais toujours à part des autres.

À dix-huit ans, j'ai eu un héritage de ma grand-mère pour me permettre d'aller étudier. Papa exigea que je lui donne cet argent. Je n'ai pas voulu. Il m'a lancé un ultimatum: je lui donnais cet argent ou je quittais la maison. Je suis partie mais je sais que la vie n'a plus de sens pour moi depuis ce jour-là. Je me suis mariée l'été suivant, seule, sans leur présence.

C'est avec ce bagage un peu mêlé que j'ai fait quatre années de thérapie avec le Dr Richer, quatre ans échelonnés sur dix ans. Plusieurs arrêts ont ponctué notre relation. Durant la première année, mes entrevues me demandaient énormément d'énergie. Je sais bien que l'on va en thérapie pour dire la vérité mais quand j'arrivais dans le bureau du Dr Richer, je sélectionnais l'information que je lui donnais sur moi. Je ne voulais rien dire qui aurait pu lui déplaire, qui aurait pu faire qu'il me rejette. Ainsi, beaucoup de choses n'ont jamais été dites entre nous. Par exemple, je n'ai jamais osé lui dire que je n'étais pas pratiquante ou encore que je travaillais pour le Parti Québécois. J'avais peur. Je sortais de chaque entrevue, défaite, déprimée. Je mettais tellement d'espoir dans ma thérapie que ça me semblait un échec à chaque fois. Au bout d'un certain temps, six mois peut-être, je suis tombée dans un silence inexplicable. J'ai fait un an et demie de thérapie en silence! C'était affreux, je sentais que je m'enfonçais, que j'étais en train de reproduire ce que je voulais éviter à tout prix. J'étais certaine qu'il allait se tanner et me mettre à la porte! Maintenant, je sais qu'il aurait sûrement pu faire quelque chose pour m'aider à parler, mais dans le temps je me sentais bien humiliée de ne pas être capable de parler. J'avais eu de bonnes références et je ne remettais pas sa compétence en question. Je me disais qu'avant qu'il me mette à la porte, faudrait bien que je m'en aille. Je me sentais très déprimée et anxieuse.

Le hasard a fait qu'une grève fut déclenchée dans les hôpitaux à ce moment crucial pour moi. J'ai été coupée de lui durant un mois. Je me suis sentie abandonnée, je ne l'ai vraiment pas accepté, je lui en voulais pour mourir. J'étais convaincue qu'il se foutait complètement de moi. Lors de la première entrevue après la grève, ce qui s'est passé réellement est très confus. Pour une raison ou une autre, j'ai compris qu'il m'accusait de me faire soigner en profitant de l'assurance-maladie. Ce régime était à ses débuts et les médecins n'étaient pas tous d'accord avec ce contrôle de leur pratique. Peu importe les circonstances, cette vague accusation fut catastrophique pour moi. Était-ce la référence à l'argent qui me rappelait mon père? Était-ce de la colère accumulée? Je ne sais trop, mais c'était trop! En arrivant à la maison, j'ai fait une tentative de suicide. Je me suis retrouvée à l'hôpital et c'est lui qui m'a reçue. Je n'ai jamais reparlé de cet événement avec lui par la suite. Une autre expérience qui faisait partie des silences qu'il y avait entre nous.

Je l'ai finalement laissé une première fois parce que j'étais amoureuse de lui. J'ai eu un fils quatre ans plus tard. Durant la grossesse et l'allaitement, mon mari est devenu très jaloux du bébé. Il me harcelait, je me suis mise à exploser pour un rien, moi qui n'avais jamais fait de colère. J'ai pris peur, j'ai cru que j'étais en train de «capoter». J'ai décidé de retourner voir le Dr Richer.

J'avais pris de bonnes résolutions car j'ai commencé par lui dire mes secrets. Surtout lui dire que je l'aimais. Je lui ai dit que j'avais le goût de le prendre dans mes bras. Il m'a répondu: peut-être plus tard. Il a fixé les entrevues aux deux semaines. Il disait qu'il devait se protéger. Pourquoi n'a-t-il pas refusé clairement? Il m'a amenée à le désirer encore plus. Je me percevais comme Ève qui avait tendu la pomme à Adam et qui l'avait fait tomber. Je me suis mise à vouloir savoir s'il avait des maîtresses. J'ai compris qu'il en avait toujours eues. Cette découverte me donnait l'espoir que mon tour viendrait et qu'un jour je serais son amante. Je savais qu'il n'y avait pas d'issue à cette relation, mais c'était devenu plus fort que tout. Une vraie obsession. Je ne voulais rien savoir d'autre. Je lui envoyais des lettres compromettantes pour qu'il se sente en sécurité et qu'il finisse par dire oui. Puis, il y eut une autre interruption pour la naissance de ma fille. Deux mois. Lorsque je l'ai rappelé, sa secrétaire m'a répondu qu'il était occupé mais quelques minutes plus tard il me rappelait. J'ai perçu cet empressement comme un signe encourageant: il ne m'a pas oubliée, me suis-je dit.

Je n'ai parlé de rien, il m'a demandé si je le désirais encore. Ça s'est passé dans son bureau tout l'été. Puis ensuite, nos rencontres illicites se déroulaient au motel. De petits motels pour amants sur le pouce. J'avais l'impression d'être une fille de joie. Dans la relation sexuelle, il était très passif, il n'avait jamais d'érection de lui-même. Il ne se préoccupait pas de mon plaisir. Il ne faisait rien. Je m'occupais de lui. Il était froid et ne me parlait pas, comme mon père. J'aurais tant voulu qu'il me parle de lui, j'aurais voulu le connaître. Entre-temps, j'étais retournée aux études, ce qui me valorisait beaucoup et je rêvais de causer avec lui qui était instruit. Comme dans la relation sexuelle, je menais toute la conversation, il suivait. Le caresser et l'approcher m'apparaissaient une faveur. Je me demandais bien comment il était avec les autres! Un jour, il m'a dit que je lui avais apporté beaucoup sur le plan sexuel. J'avais honte de ce compliment, ce n'était pas ce que je voulais de lui, je voulais qu'il m'aime.

J'ai dû me mettre à inventer des mensonges pour cacher nos rencontres à mon mari. Je menais une double vie. Au début, je me sentais devenir enfin une adulte, mais plus le temps passait, moins j'étais bien. Je n'aurais pas voulu que la femme de mon thérapeute découvre notre relation, elle aurait probablement tout gâché. Ces rencontres hebdomadaires au motel ont duré environ deux ans. Ma relation avec mon mari se détériorait de plus en plus. Mon thérapeute était contre le divorce et je le savais. J'ai donc divorcé sans lui en parler, les secrets se poursuivaient. Quand il l'a appris, il a refusé de me revoir. Le Dr Richer n'a plus jamais retourné mes appels. J'ai pensé que c'était parce qu'il avait peur que je m'accroche à lui. Je savais que les choses en arriveraient là un jour. J'ai la conviction profonde que les gens m'aiment bien tant qu'ils ne me connaissent pas. J'ai cru qu'après deux ans, je ne l'intéressais plus. Désespérée, enragée, blessée, humiliée, un peu de tout cela m'amenait à composer régulièrement son numéro de téléphone et à vouloir le revoir. Je ne peux pas tolérer d'être ainsi rejetée.

Je ne me sens pas tout à fait guérie de lui. Je n'ai pas encore accepté son retrait. J'espère encore qu'il rompra le silence. Est-ce mon père que j'ai recherché à travers lui ou encore, est-ce que je voulais qu'il répare ce que mon père avait détruit en moi? Je ne le sais pas. Je l'ai trouvé lâche. Il m'a abandonnée, mise de côté, sans respect, comme une vieille chaussette sale. Il ne s'est pas soucié de moi pour deux sous. J'ai eu l'impression qu'il avait toléré ma présence pour avoir ce qu'il voulait. Ce qui a été dur, c'est de réaliser qu'il n'avait été ni un bon amant ni un bon thérapeute. J'ai appris seule que j'ai du pouvoir sur les situations et que je peux changer et choisir certaines choses. Je me suis aperçue qu'il n'était même pas capable d'exprimer ses émotions. Reconnaître que j'avais mis tous mes espoirs en quelqu'un qui n'en valait pas la peine fut dur pour mon moral et pour mon estime.

Je lui ai finalement écrit une lettre d'adieu. J'ai mis des gants blancs. J'avais peur qu'il me réponde: écoute, t'as eu ce que tu voulais, tu n'as pas de reproches à me faire. Je ne sais pas jusqu'à quel point il était conscient. J'aimerais savoir si, en dehors du bureau, il est dégagé de sa responsabilité. Je sais que c'est une image de lui que j'aimais, qu'il y avait quelque chose de faux dans cette relation. Le client continue toujours à voir le thérapeute comme un thérapeute! Est-ce qu'on devient des adultes un jour?

Je pense que je ne pourrai jamais plus être subjuguée comme je l'ai été. Il n'y a plus de dieux pour moi, je ne pourrai plus oublier que ce sont des êtres humains. Mais spontanément, c'est toujours l'autre qui est plus brillant que moi. Je ne suis pas digne de lui. Je dois toujours lutter contre cet instinct.»

Observations:

Que de souffrances et d'incompétence! Estelle, une oie blessée par la vie, par son vécu familial. Cette histoire illustre très clairement tous les subterfuges qu'une cliente désespérée utilise pour réparer les blessures antérieures. Estelle vit encore le drame de sa relation maternelle et paternelle: «Ils étaient froids. Papa ne parlait jamais.» Elle se vit en thérapie comme dans sa famille, seule et en silence aux prises avec tous ses secrets et la hantise de se faire mettre à la porte encore une fois.

De plus, elle est tenue responsable des difficultés de son couple par son mari. Celui-ci prend un rendez-vous pour elle. Déjà, le thérapeute aurait pu l'aider à prendre une décision éclairée par rapport à son choix de consulter individuellement ou en couple. Il se contente de lui dire qu'il ne travaille pas avec des couples. Il est du devoir du thérapeute de s'assurer de la pertinence de ses services pour un client. Plusieurs indices auraient dû l'intriguer: le mari prend le rendez-vous pour sa femme et celle-ci croit entreprendre une thérapie de couple. Avant d'accepter cette cliente en thérapie individuelle, une démarche exploratoire des besoins du couple et de la cliente s'imposait; il s'est contenté de l'informer qu'il ne faisait pas de consultation conjugale.

Estelle amorce donc le processus thérapeutique sur la pointe des pieds, convaincue de sa culpabilité et de ses faiblesses: «J'avais sûrement quelque chose qui clochait.» Juste à sa façon de décrire le thérapeute, Estelle nous fait voir toute la crédibilité qu'elle lui accordait: «Le Docteur Richer, psychiatre dans un grand hôpital de la région de Montréal.» Il ne lui viendra jamais à l'idée que ce renommé psychiatre puisse abuser d'elle. Elle fait tout en son pouvoir pour lui plaire et tenter de gagner son attention et son respect allant même jusqu'à taire les informations qui risquent de lui déplaire.

Pour Estelle, la relation thérapeutique s'est soldée par un échec, tout comme la relation avec son père. Elle n'arrive pas à établir la communication ni à créer une relation, ce qui la propulse dans un lourd silence qui va durer un an et demi. Le Docteur Richer ne tente rien pour la sortir de ce mutisme dans lequel elle est plongée. Il aurait dû devenir l'allié d'Estelle pour essayer de saisir les raisons de ce mutisme. Thérapeute et écrivaine américaine, Torey Hayden (1983, 1986) a publié d'excellents ouvrages racontant son travail avec des enfants utilisant le mutisme comme moyen de protection ultime. Il s'agissait bien souvent d'enfants maltraités et terrorisés. Lorsque le silence d'Estelle emplissait le bureau, comment le thérapeute a-t-il pu rester insensible à sa détresse? Le rapprochement sexuel a-t-il été pour le Dr Richer un moyen de cacher son impuissance et son incompétence devant le mutisme d'Estelle?

Toujours est-il que moins elle parle, plus elle se sent ridicule, incapable et indigne d'amour. Elle craint le jour où il la mettra à la porte comme son père l'a fait; ce rejet est tellement bien ancré qu'elle ne peut entrevoir d'autres conclusions. Une grève sauve temporairement la situation mais le retour est brutal. Il est question des frais de la thérapie et Estelle se retrouve propulsée des années en arrière dans sa relation avec son père qui lui demande son argent. Elle quitte le bureau et tente de mettre fin à ses jours.

Le Docteur Richer s'occupe d'elle à l'hôpital. Mais à aucun moment il n'est question de sa tentative de suicide: «Une autre expérience qui faisait partie des silences qu'il y avait entre nous.» Estelle devient amoureuse de ce thérapeute, de papa. Elle quitte la thérapie ne pouvant ni le dire ni le vivre. Mais la porte n'est pas fermée comme dans la demeure familiale. Aussi, prenant tout son courage et craignant pour sa santé mentale, elle retourne voir le Docteur Richer. Désirant partir du bon pied, elle révèle tous ses secrets y compris son amour: «Je lui ai dit que j'avais le goût de le prendre dans mes bras. Il m'a répondu: peut-être plus tard.» Les dés étaient jetés. Estelle mettra toute son énergie à gagner l'amour de cet homme et à espérer en faire son amant. Le docteur Richer venait de donner la corde nécessaire à Estelle pour qu'elle se pende. Quelle belle illusion, elle aurait papa dans son lit et il lui parlerait comme à une adulte. Quelle déception car elle se retrouve obligée de tout faire et les silences ne se comblent pas, le thérapeute ne lui parle pas davantage. Et finalement après des mois d'une relation d'amant, il l'abandonne sous prétexte, croit-elle, qu'elle a divorcé. Estelle ne saura jamais pourquoi il a cessé de la voir car il ne retourne plus ses appels. Il l'a finalement mise à la porte après avoir pris ce qu'il désirait d'elle.

Le scénario auquel le Docteur Richer adhère le mieux est l'*inversion des rôles*. Estelle lui laisse toute la place, ne parlant que de ce qu'elle croit qu'il veut entendre et lui ne questionne en rien son silence. Il faut se demander jusqu'à quel point ce psychiatre comprend la dynamique de sa cliente et comment il se fait qu'il ne lui vienne jamais en aide. Il évite, lui aussi, les sujets épineux; jamais il ne lui parle de sa tentative de suicide et de ce qui l'a provoquée. Il doit bien se douter de la colère sous-jacente qui gronde. Mais ce sont ses propres désirs et besoins qui prendront le dessus:« il m'a demandé si je le désirais encore.» Estelle s'occupe de lui, de son désir sexuel et comme elle le dit si bien: «Dans la relation sexuelle, il était très passif... il ne se préoccupait pas de mon plaisir. Il ne faisait rien. Je m'occupais de lui. Il était froid et ne me parlait pas.» Il ira même jusqu'à lui dire qu'elle lui avait apporté beaucoup sur le plan sexuel. Elle était celle qui pourvoyait à ses besoins tentant d'arracher à cet homme ce qu'elle aurait tant souhaité de son père: «J'aurais tant voulu qu'il me parle.»

Estelle se débat encore avec sa culpabilité et elle craint que si elle s'avisait de se plaindre du traitement qu'elle a eu, le Docteur Richer lui dirait: «Écoute, t'as eu ce que tu voulais, tu n'as pas de reproches à me faire.» Seulement voilà, Estelle n'a pas eu ce qu'elle voulait, à savoir un adulte responsable capable de l'aider à voir clair dans sa vie, dans ses besoins et qui sache taire ses propres besoins pour lui faire de la place à elle. Chaque personne est en droit de s'attendre à cela de la part de ses parents: de la considération, du respect et de l'aide pour démarrer sa propre vie. Sinon, le recours à la thérapie permet de clarifier sa vie, de se reprendre en main et de composer avec les manques liés à notre milieu d'origine. De même la cliente est en droit de s'attendre à de la considération et à du respect de la part de ce professionnel qu'elle paie pour qu'il lui vienne en aide. Estelle n'a eu ni l'un ni l'autre; elle ne pouvait exister avec ses valeurs propres, ses croyances, ses adhésions politiques. Le Docteur Richer le lui a confirmé par son rejet final.

Les séquelles sont lourdes pour Estelle. Son manque d'estime de soi et son isolement sont confirmés. Comme elle le dit si clairement: «Mon mari a profité de moi, mon avocat m'a roulé et mon psychiatre s'est foutu de moi. À qui voulez-vous que je fasse confiance?» Beaucoup de temps s'écoulera avant qu'Estelle puisse même songer à demander de l'aide et risquer de faire encore une fois confiance.

Il y a fort à parier qu'Estelle découvrira une grande colère, peut-être même de la rage quand elle réussira à se dégager de sa culpabilité et à reconnaître les responsabilités qui incombent au thérapeute et non à elle-même. Évidemment, cette découverte peut aussi l'amener à vivre beaucoup de colère contre ce père qui l'a rejetée et cette mère qui n'a pas su la secourir alors qu'elle en avait tant besoin. Il est vrai qu'ils ne pouvaient donner plus que ce qu'ils avaient, mais cela n'empêche pas les blessures causées à leur fille.

Comment Estelle réussit-elle à s'adapter suite à cet abus sexuel perpétré par le Docteur Richer? D'une part, ses multiples tâches comme mère séparée avec deux enfants et son travail à temps plein l'obligent à beaucoup de discipline et lui laissent peu de temps pour vivre sa peine. Elle poursuit tout de même pendant un certain temps ses téléphones au Docteur Richer, espérant toujours qu'il rompe le silence et jette un peu de lumière et de compréhension dans leur vécu. Puis, en désespoir de cause, elle lui écrit une lettre à laquelle il ne répondra pas non plus.

Estelle a besoin de comprendre ce qui s'est passé. Elle a de nombreuses questions. Aussi, l'annonce de la recherche traitant de l'intimité sexuelle en psychothérapie attire-t-elle son attention. Elle espère pouvoir enfin répondre à quelques questions comme: «J'aimerais savoir si, en dehors du bureau, il est dégagé de sa responsabilité.» Suite aux questionnaires, elle s'inscrit à la rencontre de groupe afin d'échanger avec d'autres femmes qui ont vécu la même expérience. Pouvoir se comparer, poser des questions et lentement faire la lumière sur cette partie de sa vie, tel était son besoin et son objectif. Comprendre est un mécanisme d'adaptation très important car il permet à la personne de reprendre du pouvoir sur une situation, sur sa vie.

Lors d'un contact téléphonique, Estelle nous raconte qu'après la rencontre de groupe elle a décidé de consulter à nouveau. Le premier psychiatre qu'elle a rencontré et à qui elle a raconté son expérience amoureuse avec son premier thérapeute lui a tout bonnement répondu qu'ils étaient deux adultes consentants et qu'il n'y avait rien là. Estelle savait que ce thérapeute était dans l'erreur. Elle n'est jamais retournée le voir et elle a poursuivi sa quête d'un thérapeute compétent et digne de confiance. Lors de son appel, il semblait qu'elle venait de découvrir la perle rare. Est-ce si difficile de trouver un bon thérapeute?

Fabienne et sœur St-Gabriel:

Fabienne, trente-huit ans, cadre supérieure dans un CLSC, évoque la femme solide et sereine. Elle avait dix-huit ans quand cela lui est arrivé. Elle était en Philo II.

Elle nous décrit la fin d'une époque que plusieurs d'entre nous ont bien connue. Le couvent, les sœurs et les prêtres, directeurs spirituels qui ont tenu lieu de psychothérapeutes pour plusieurs adolescents des années soixante.

Au Collège, sœur St-Gabriel était considérée comme la psychologue de l'école. Je ne sais pas si elle l'était vraiment. C'était elle qui s'occupait des âmes en peine, des filles qui avaient des difficultés scolaires, des gros cas de discipline, etc. C'était notre «psy» et elle était très appréciée. C'était une femme vive et intelligente qui tranchait parmi les autres religieuses. C'est important que je dise cela, c'est important que vous sachiez que c'était quelqu'un de bien.

Mais voilà, sœur St-Gabriel était lesbienne, je le sais maintenant. Lorsque j'ai vécu cette relation avec elle, je ne connaissais pas ces mots, ni les jugements reliés à cette réalité. J'étais pure, innocente et naïve! C'est une certaine détresse affective qui m'a menée au bureau de sœur St-Gabriel. Aînée d'une grosse famille, je me suis beaucoup occupée de mes jeunes frères et sœurs. J'aidais mes parents débordés. D'une certaine façon, je prenais soin de mes parents en allégeant leurs tâches et je m'assurais, par le fait même, une petite place dans leur cœur. Je ne voulais pas les perdre ou les voir se décourager. J'avais peur que nous soyons trop nombreux ou trop lourds pour eux. Je les aimais beaucoup et je me sentais appréciée pour tout ce que je leur apportais.

À cette époque, cependant, ma vie personnelle d'adolescente battait de l'aile. Je ne me sentais pas attirante et j'étais complètement désespérée à l'idée de ne pas me faire aimer. Autant je me sentais indispensable à la maison, autant à l'extérieur, c'était le désert et même le chaos. Au collège, je n'arrivais pas à faire partie de la gang. Les filles commençaient à sortir, à aller vers les garçons, à organiser des party mixtes. Je me sentais très mal à l'aise dans tout cela, un peu exclue, un peu gauche, mal fagotée. Je ne me jugeais pas à la hauteur et j'étais certaine de faire tapisserie dans les soirées. Ce fut d'ailleurs ce qui est arrivé dans les quelques soirées où j'ai réussi à me faire inviter. Je déployais beaucoup d'énergie pour camoufler ces humiliations, mais, en secret, j'avais le moral plutôt bas. Lorsque j'entendais Françoise Hardy chanter: «Tous les garçons et les filles de mon âge se promènent dans la rue deux par deux. Tous les garçons et les filles de mon âge savent bien ce que c'est qu'être heureux, ... ils s'en vont amoureux, sans peur du lendemain. Oui mais moi, je vais seule par les rues, car personne ne m'aime.» Je hurlais ces mots avec elle, dans une profonde connivence. Ainsi, à l'orée de ma vie adulte, je me sentais perdue et complexée. J'étais une proie facile pour qui me manifesterait un peu d'attention et d'affection.

C'est ce grand vide affectif qui m'a conduit inconsciemment au bureau de sœur St-Gabriel. Je dis inconsciemment, car il ne me serait pas venu à l'idée de lui parler de mes vraies difficultés, ces choses-là ne se disaient pas. J'étais présidente du journal et, officiellement, j'allais au bureau de sœur St-Gabriel pour qu'elle m'aide à prendre certaines décisions, et à diriger ce journal qui avait un rôle central dans notre vie d'étudiantes. C'était le prétexte, le subterfuge. Très rapidement, j'ai senti qu'elle me prenait en affection. J'avais l'impression qu'elle appréciait mes visites, qu'elle était toujours contente de me voir. Je ne me sentais pas un fardeau. Sa présence prit rapidement une importance capitale dans ma vie à l'époque. Je pensais à elle, je lui parlais dans ma tête. Elle comblait un grand vide. Quand j'étais avec elle, j'oubliais tout le reste, je me sentais importante. Enfin, quelqu'un s'occupait de moi!

Fabienne devient triste tout à coup. Elle fait un petit sourire gêné et veut s'excuser de la naïveté et de la vulnérabilité de ses dix-huit ans. Après un grand soupir, elle enchaîne.

Nos rendez-vous sont devenus réguliers. Je la voyais deux fois par semaine. Elle me disait: Parlez-moi de vous. Cette phrase me faisait un effet bœuf, c'était comme une douce musique à mes oreilles. Mais, très bizarrement, devant elle je transformais la réalité. Je ne voulais surtout pas qu'elle sache combien j'étais seule. J'avais vraiment honte de ma condition. Alors, dans son bureau, mes frères et mes sœurs se transformaient en amis! Donc, si j'avais un de mes frères qui avait de la difficulté, je lui parlais de mes préoccupations face à un ami. J'entretenais devant elle tout un personnage digne de son amour, dont elle ne se fatiguerait pas. Je me souviens qu'elle me disait combien j'étais généreuse. Le temps passait et elle semblait toujours contente de me revoir.

Un jour que j'étais spécialement déprimée, probablement qu'elle devait sentir ma détresse même si je me gardais bien de lui en parler, elle s'est levée brusquement de sa chaise et m'a embrassée passionnément sur la bouche. Je n'en revenais pas. J'en ai été bouleversée, un peu mal à l'aise et gênée, et fortement attirée par le sens que prenait ce baiser à mes yeux. Il était le Signe qu'enfin quelqu'un s'apercevait que j'existais et me trouvait digne d'amour. Une de mes amies, plus délurée que moi, m'avait laissé entendre que je devrais me méfier d'elle. J'avais balayé l'avertissement sans problème en me disant que cette fille devait crever de jalousie. Je suis certaine aussi que le petit côté interdit de l'expérience apportait un peu de saveur et d'intensité.

Quant à moi, je n'avais qu'un seul désir: que la situation se représente, qu'elle recommence. Je racontai donc à sœur St-Gabriel beaucoup d'histoires tristes à mon sujet pour qu'elle vole à mon secours. Elle répondait bien à ma demande d'attention et j'avais vraiment l'impression qu'elle recherchait ma présence. Jusqu'à ce moment, j'avais toujours interprété ses désirs et ses gestes comme affection et tendresse. Était-ce une simple réponse à ses propres besoins?

À mon grand désespoir, j'ai dû me rendre à l'évidence que je n'étais pas la seule dans sa vie. Je me souviens qu'il y avait aussi une certaine Monique dont j'étais jalouse. Je réalisais que celle-ci avait souvent des rendez-vous au bureau bien-aimé. Ça me dérangeait, mais j'ai tu ces vilains sentiments jusqu'au jour où un de mes rendez-vous fut annulé en faveur de cette rivale. Je l'ai questionnée sur ses rapports avec Monique. Ses réponses demeuraient un peu trop évasives à mon goût. Elle me disait que cette fille avait beaucoup souffert et qu'elle se devait de l'aider. J'avais peur de perdre ma place. Je me suis mise à surveiller attentivement les signes qui me confirmeraient mes privilèges. Quand je repense à Monique, je la revois un peu boulotte, complexée. Je suis certaine que cette fille avait, tout comme moi, une image très négative d'elle-même. Pourquoi sœur St-Gabriel était-elle attirée vers nous?

Au printemps, le collège organisait une retraite fermée. Cette année-là, sœur St-Gabriel m'annonce qu'elle sera présente à ces journées de recueillement. J'étais ravie. J'aimais l'atmosphère intime des retraites et j'espérais là une occasion de rapprochement. Mes espoirs devinrent réalité. Elle est venue dans ma chambre et elle m'a caressée. Elle était tiraillée et s'arrêtait souvent en disant: non, Fabienne, il ne faut pas. Mais moi, je voulais tellement, je voulais la marque de son amour. Je voulais la preuve ultime. J'avais énormément besoin d'être touchée, je découvrais la sexualité. Personne n'avait encore approché mon corps vierge. Lorsque qu'elle me disait: «Je vais passer vous dire bonsoir», j'avais des palpitations incroyables en attendant sa venue.

Après ces bons moments, nos rencontres furent brusquement interrompues. Les supérieures durent flairer quelque chose car elles lui ont interdit de me revoir, du moins c'est ce qu'elle m'a dit. Elle fut transférée peu de temps après à la Maison Mère. La rupture fut on ne peut plus abrupte.

J'avais vécu cet épisode comme dans un rêve et ce n'est que cinq ans plus tard que j'ai mis des mots sur cette expérience, c'est-à-dire que j'avais vraiment vécu une expérience d'homosexualité. À ce moment-là, j'ai cherché à revoir cette religieuse pour comprendre, pour voir si elle était vraiment lesbienne, pour voir si elle m'avait vraiment aimée et pour voir comment elle se débrouillait maintenant avec sa sexualité. Je n'ai jamais eu de réponse.

Je ne sais pas si la communauté l'empêchait de me répondre ou si c'est elle qui évitait la confrontation. J'aurais tellement apprécié qu'elle puisse me parler d'elle, jeune religieuse, se trouvant aux prises avec une sexualité débordante. Dans le temps, je n'ai jamais pensé qu'elle aussi pouvait avoir des besoins.

J'aurais aimé qu'elle reconnaisse s'être servie de moi, qu'elle m'avait fait courir de grands risques. Je pense que l'on se sert toujours un peu de l'autre dans une relation. C'est un échange et il m'a sûrement été très utile d'avoir une amie à ce moment de solitude de ma vie. Pourtant ce n'était pas une amie de mon âge mais une adulte conseillère qui m'aurait mieux aidée en restant dans son rôle. Aujourd'hui, je pense qu'il aurait été préférable que cette personne m'apprenne à aller chercher et à demander ce dont j'avais besoin dans mon milieu, avec les gens de mon âge et dans ma famille.

Très longtemps, je me suis considérée chanceuse d'avoir vécu cette relation spéciale. Ce n'est qu'aujourd'hui que je devine qu'il y avait un danger dans ce que j'ai vécu. Ces doutes me viennent quand je pense à mes deux fils adolescents. Si j'apprenais qu'un professeur ou un autre adulte en qui ils ont confiance recueille leurs confidences et leur accorde une attention particulière allant jusqu'à les séduire sexuellement, mon sang ne ferait qu'un tour. L'abus m'apparaîtrait évident. Pourquoi en serait-il autrement pour moi? J'avais dix-huit ans, j'avais les moyens de me débrouiller avec la séduction des jeunes de mon âge mais face à quelqu'un de plus âgé et, de plus, quelqu'un dans une position d'autorité, c'était beaucoup!

Si j'ai été chanceuse quelque part dans toute cette histoire, c'est plutôt grâce à la sœur Supérieure qui veillait! Elle a mis un terme rapidement avant que cette relation ne devienne trop importante pour moi et, maintenant je me rends compte qu'elle m'a surtout évité de sentir le rejet, ce qui aurait été vraiment catastrophique, car la principale chose qui faisait que j'étais si vulnérable, c'est qu'à l'intérieur de moi, j'étais convaincue d'être davantage rejetable qu'aimable.

Il y a quelques années, j'éprouvais des difficultés sexuelles. L'ombre de sœur St-Gabriel est venue planer au-dessus de ma tête. Je me suis mise à douter de ma sexualité, me disant que j'étais peut-être lesbienne. Cette relation que j'avais eue dans ma jeunesse venait semer la confusion. Ça m'a pris du temps et du travail pour saisir que seule la sœur était lesbienne. Pour moi, l'excitation était d'un bien autre ordre. C'est si facile de confondre tout cela!

Observations:

À la lecture de l'histoire de Fabienne, il apparaît clairement que ce ne sont pas que des hommes thérapeutes qui abusent de jeunes clientes. Il s'agit ici d'une relation homosexuelle entre une religieuse psychologue et une adolescente. La problématique de base observée dans les autres histoires est similaire; la thérapeute utilise le vide affectif de Fabienne pour répondre à ses besoins. Nous verrons comment la mise en scène *prends-moi* s'y déroulera.

Fabienne vit beaucoup de responsabilités tant à la maison qu'au collège. Elle a trouvé ce moyen pour se sentir importante et surtout aimée, mais elle est aux prises avec ses craintes de ne pas être vraiment aimée pour ce qu'elle est. Bien sûr, elle est appréciée à cause de son dynamisme et de son sens des responsabilités, mais elle demeure insécure et inquiète face à sa capacité d'être aimée. Avec tout ce bagage, elle se présente à la psychologue du collège, sœur St-Gabriel. Cette dernière s'attache à cette jeune étudiante, intelligente et impliquée, et décode probablement la vraie demande de Fabienne et son grand besoin d'amour. Elle exploite alors le désir de partage et d'intimité non érotique de Fabienne pour assouvir ses propres désirs sexuels. Fabienne découvre son corps plein de sensations et de désirs encore endormis et se lance tête première dans cette relation. Enfin quelqu'un s'occupe d'elle, la voit et trouve son corps désirable. Elle a bien quelques petits doutes sur le caractère particulier et peut-être illicite de leurs rapports érotiques mais après tout, sœur St-Gabriel est une femme respectée dans l'établissement et elle peut lui faire confiance. Pourquoi écouter ces petits indices dérangeants? Ils doivent être le fruit de son trop grand sens des responsabilités. Toutes les rationalisations sont bonnes pour justifier chez Fabienne la poursuite de sa relation amoureuse avec cette femme irresponsable et inconsciente. Cette histoire illustre bien, en effet, la mise en scène appelée *prends-moi*. Fabienne admire cette religieuse: «C'était une femme vive et intelligente.» Il est certain qu'elle lui vouait une grande admiration et l'on peut soupçonner qu'elle y voyait là un modèle de mère sachant bien l'aimer. De plus, Fabienne, dans son grand besoin d'affection, d'amour et de reconnaissance, était une jeune femme très vulnérable au pouvoir d'une adulte en apparence bienveillante et chaleureuse.

Les séquelles qui font ordinairement suite à l'abus sexuel sont partiellement évitées dans le cas de Fabienne. Une des réalités qui précipite les clientes dans le désespoir ou le vide, est souvent l'abandon vécu lorsque le thérapeute met fin à la relation et que la cliente se voit délaissée ou rejetée. Fabienne ne vit pas le rejet par sœur St-Gabriel, car son retrait de la relation vient d'une directive de la Supérieure et non de son propre vouloir. De fait, Fabienne réagit beaucoup plus à Monique, une rivale potentielle, qui risque de lui enlever son sentiment d'exclusivité avec sœur St-Gabriel. Sans doute peut-elle aussi déverser sa colère sur la Supérieure et protéger ainsi l'image de celle qu'elle aime. Il est aussi probable que l'impression de malaise de Fabienne devant cette relation particulière, l'aide à accepter ce dénouement.

Il faut aussi comprendre que, temporairement du moins, Fabienne s'est sentie désirée ce qui a pu avoir comme effet de la rassurer momentanément et diminuer les effets à court terme de cet abus de pouvoir. Par contre, quelques années plus tard, Fabienne est aux prises avec de grandes inquiétudes sur son orientation sexuelle et c'est cette expérience avec sœur St-Gabriel et tout le plaisir qu'elle en tirait qui créent tant de confusion chez elle.

Une autre des conséquences du comportement de la thérapeute pour Fabienne est la non-résolution des difficultés qui l'avaient amenée à rencontrer sœur St-Gabriel. Il lui a fallu de nombreuses années pour consulter à nouveau et elle a beaucoup souffert de cette difficulté à se mêler aux jeunes de son âge et à se sentir aimée et désirée par les garçons de son milieu. Fabienne nous a confié au cours de la rencontre des éléments qui permettent de préciser sa souffrance et les conséquences du comportement de sœur St-Gabriel. Suite à cette expérience relationnelle, Fabienne a tenté, par tous les moyens, de retrouver une relation idéalisée similaire à ce qu'elle avait vécu. Cette recherche l'a amenée à contracter un mariage insatisfaisant avec un homme qu'elle adulait et qui l'entraînait dans toutes sortes de comportements sexuels plus ou moins adéquats et contraires à ses valeurs intimes. Une longue démarche thérapeutique l'a aidée à clarifier sa relation de couple, et ses propres valeurs, et elle a finalement quitté cet homme incapable de réciprocité. Il avait besoin d'être adulé et Fabienne désirait maintenant un autre type de relation. Elle vit maintenant une relation de couple qui lui convient et qui est conforme à ses propres valeurs et croyances. Une thérapeute qui aurait entendu la demande de cette adolescente et qui s'en serait occupée adéquatement aurait évité des années de souffrances à cette jeune femme. Elle l'aurait aidée à reconnaître les besoins qui l'habitaient et à apprendre à y répondre avec les jeunes de son âge.

Une des façons que Fabienne a choisi pour s'adapter à la situation fut de tenter par de multiples démarches de contacter sœur St-Gabriel. «J'aurais aimé qu'elle reconnaisse s'être servie de moi, qu'elle m'avait fait courir de grands risques.» Reconnaître la responsabilité du thérapeute et le blâme qui lui revient favorise une diminution des séquelles liées à l'abus sexuel. Cette relation entre l'attribution de la responsabilité et du blâme au thérapeute et une baisse des séquelles psychologiques liées à l'abus a été démontrée dans la recherche effectuée par Valiquette (1989).

Fabienne a choisi de livrer son expérience. Il est probable que cette démarche en est une d'adaptation et d'intégration de cette expérience traumatisante qu'est le rapprochement sexuel avec un thérapeute en qui l'on a placé toute sa confiance. À travers cette démarche, Fabienne peut enfin parler ouvertement du comportement de cette thérapeute et dénoncer l'abus dont elle fut victime. Pour elle c'est une façon de clore cette expérience et de se reconnaître dans toute sa dignité et son intégrité.

Sarah et Samuel

«J'ai mis la robe qu'il préférait», dit-elle. Silence! Puis, elle s'asseoit et continue sur un ton qui se veut neutre: «Lorsque je me suiciderai, je porterai cette robe.» Tout était dit. Elle était superbe. Brillante, racée, impeccable, Sarah avait l'art de s'introduire, l'art, tout à la fois, de déguiser et de vomir sa souffrance. Par la suite, elle ne ratera aucune occasion de nous rappeler le drame qui l'habite depuis sa rupture avec Samuel.

Autant c'est facile de raconter pour se défouler tout en pensant être utile à d'autres femmes, autant c'est difficile de penser que je pourrais ainsi lui faire du mal, qu'il pourrait se reconnaître ou être reconnu de ses collègues. Je veux le protéger et, pour cela, il y a des détails importants que je vais omettre.

Si vous me demandiez dans quel état il m'a laissée, je vous dirais que je me sens comme s'il était passé sur moi avec un char d'assaut. C'était un conducteur irresponsable. J'ai tellement pleuré que je ne devrais plus avoir de larmes. Depuis neuf mois, je n'ai aucune nouvelle de lui. Je pleure quand je rentre à la maison le soir et je me lève en pleurant. Personne ne se doute du drame que je vis, je maintiens une image sociale intacte.

De fait, deux aspects de Sarah se chevauchent et se contredisent continuellement durant l'entrevue. D'une part, sa force, sa fierté et son verbe éblouissent et, d'autre part, son besoin, sa vulnérabilité et sa souffrance qui sont hurlés tout en étant inaccessibles. Dans un même souffle, elle poursuit.

Il avait cinquante-quatre ans, j'en avais quarante et un. Il y a trois ans et demi, j'étais référée par mon médecin que je consultais, depuis au moins six ans, pour des maux de ventre et d'estomac. Ce médecin me disait que mes maux de ventre résultaient probablement de conflits intérieurs non réglés et qu'il serait préférable que je consulte en psychiatrie. J'ai mis six ans avant d'admettre que je ne réglerais pas mon mal toute seule. Je tenais tous les «psy» pour des charlatans. Mon père bien-aimé a paralysé quelques mois avant que je me décide à consulter. Cet événement m'a défoncée. J'étais très isolée. Sur ces entrefaites, j'ai assisté à une conférence de ce psychiatre sur les aspects psychosomatiques des maladies physiques. Il m'est apparu digne de confiance et j'ai surmonté mon mépris pour cette profession.

*Sur un ton ironique, elle souligne que sa méfiance est mainte-
nant généralisée. «En acceptant de participer à cette recherche, je
fais une exception, nous confie-t-elle, l'avenir me dira si vous étiez
dignes de confiance.»*

Quand je suis arrivée chez lui, j'avais mon curriculum vitae à la
main, par souci d'efficacité. J'étais très consciente du temps, de
l'heure qui m'était attribuée. Je voulais me faire connaître rapidement, efficacement. Mon histoire professionnelle était pleine de mes
risques, de mes multiples champs d'intérêt, de mes nombreuses expériences. Je voulais lui montrer que je n'avais pas chômé. Je voulais
lui montrer que j'avais des raisons d'avoir mal au ventre. Il m'écoutait et je pense qu'il se retrouvait en moi. Nous avions vécu la même
époque, le même milieu culturel. Nous avions gravité autour des
mêmes gens avec beaucoup de folies en commun.

Pas un mot, sauf qu'à la fin de l'entrevue, il m'a dit qu'il venait
d'un village voisin du mien. Combien précieuse me fut cette information! Et pourtant, maintenant, je pense que c'était un coup bas.
C'était une façon de s'immiscer dans ma vie. J'ai pleuré toute la fin
de semaine. Je l'avais senti comme un être qui souffrait, l'homme
cassé. Je ne pouvais pas ajouter ma souffrance à la sienne. L'homme
qu'il était, m'avait bouleversée. Comme avec papa, il n'y avait pas de
place pour ma douleur, je n'étais sensible qu'à la sienne.

À la deuxième entrevue, je lui parle de cette immense attirance
que j'ai ressentie pour lui, de mon grand bouleversement devant
l'homme qu'il est. Il m'a dit textuellement: «L'effet que nous pro-
duisons l'un sur l'autre fait que tu dois aller sur le divan.» Il a voulu
croire qu'ainsi notre attraction serait contrôlée; moi, j'ai compris qu'il
était lui aussi attiré. Il m'était difficile de ne pas le regarder, mais j'ai
fait ce qu'il m'a dit. Sur le divan, je disais vraiment ce qui se passait
en moi. J'ai cru alors dans la puissance thérapeutique de la vérité et,
je lui ai dit que je me sentais en couple avec lui, qu'il était l'homme
que j'avais toujours voulu, comme un homme que je portais en moi,
comme mon enfant. C'était une évidence. Il m'a cité une parole
d'André Breton: «Il arrive que l'on porte en soi un personnage...»

Au début, les rituels traditionnels des entrevues étaient respectés
à la lettre. En arrivant, on se donnait la main, j'allais au divan et l'on
se redonnait la main au départ. Un jour, pendant que j'étais sur le
divan, il me demande de lui décrire mes fantasmes sexuels. En

dedans, je me suis dit: effronté. Bien sûr, mes fantasmes le concernaient et c'était, je crois, ce qu'il espérait. À cette époque, je pouvais encore penser que cette demande faisait partie de la méthode de travail utilisée. Plus tard, je me suis moquée de lui et je l'ai outrageusement provoqué sur sa façon de se cacher derrière sa chère méthode.

Toujours est-il que je continuais de le harceler par mon désir. Tout à la fois, j'avais peur de le coincer, de le mettre devant une demande contradictoire et je voulais le protéger. Je lui demandais d'être le bon amant et d'être la mère idéale. C'était une mission impossible.

Un mois après le début de la thérapie, il m'invite à m'asseoir devant lui. «Que voyez-vous en me regardant?» lui lançai-je. «Je ne vois rien parce que je suis fasciné, me répond-il, j'aimerais vous référer à quelqu'un d'autre.» J'ai refusé en lui proposant de régler cette affaire entre nous. Il m'a laissé faire.

Il aurait dû savoir que c'était contre mon bien. Il a voulu croire que je n'étais pas une vraie patiente, ce qui me fit plaisir car je pouvais croire que j'étais à ses yeux différente des autres. Après vingt ans de vie adulte, j'avais connu un grand nombre d'hommes, j'avais fait le tour de leur jardin, je n'avais plus de désir pour eux. Alors que les hommes m'apparaissaient ordinairement comme des gorilles, lui, c'était l'enfant. Cet enfant qu'il était me remuait profondément. Il m'attirait physiquement et intellectuellement, je le voulais à tout prix. Je le sentais capable d'un élan, je sentais qu'il ne me résisterait pas, mais saurait-il poursuivre, saurait-il s'engager à fond? J'en doutais déjà.

Et puis, les rencontres se sont poursuivies comme avant. Des entrevues ritualisées, sauf ce que j'appelle quelques coups en bas de la ceinture de temps à autre. Je fais allusion à ces moments fugitifs où il me faisait pénétrer dans sa vie privée, où il me donnait accès à l'homme plutôt qu'au thérapeute. Par exemple, il avait découvert que je parlais l'italien, cette merveilleuse langue de l'amour. Certains jours, il s'adressait à moi en italien. Il n'en fallait pas plus pour nourrir l'espoir qu'il se laisserait aimer un jour! Un autre tantôt, il m'a présenté son chien, son fidèle ami. Des passages qui me signifiaient que je n'étais pas une cliente comme les autres!

Je me suis mise à donner des signes à mon tour. Je lui ai apporté un livre qu'il lut avec grande attention et que nous commentions ensemble par la suite. Plus tard, c'est un gros pamplemousse, puis un marteau japonais pour soulager ses tensions, etc. Il me prenait par le bras pour me conduire au divan. Il gardait ma main dans la sienne un peu plus longtemps que nécessaire, la situation évoluait!

Sa présence occupait beaucoup de mes pensées. Cependant, lorsque j'étais sur le divan, je parlais de moi, de mon enfance. Ce que je comprenais, c'est que je n'avais pas eu véritablement de mère. Celle-ci avait été abandonnée par ses parents à l'âge de trois ans. Elle n'avait que dix-neuf ans lorsque je suis née. Rien de positif ne s'est jamais établi entre nous. Je n'étais pas capable d'être l'enfant de maman. J'étais seulement la petite fille de papa que j'aimais beaucoup. Je suis l'aînée de cinq enfants; mon frère et moi ressemblions à mon père, est-ce pour cela que nous avons souvent été battus par ma mère? J'ai aussi un frère schizophrène. Un trait commun entre nous tous: nous mettons toutes nos énergies dans notre travail.

J'ai beaucoup parlé d'amour à mon thérapeute. Il m'a dit un jour: «C'est cruel d'offrir l'amour sur un plateau d'argent à quelqu'un de ligoté», me laissant croire que je lui faisais la cour et qu'il était la victime. Je ne sais pas pour qui c'était le plus cruel et lequel de nous deux était vraiment ligoté? Un jour, il me suggère de lui tenir la main lorsque je suis sur le divan afin de faire baisser la tension sexuelle. Tenant sa main, j'en perdais le souffle et la parole, tout était dans nos mains. Ce furent des moments inoubliables.

À cette époque, ma cousine s'est suicidée. Je lui ai dit que je me sentais sur la liste des suicidés à venir. Cette déclaration marqua un tournant dans nos relations. Il m'a dit qu'il serait extrêmement fâché si je me suicidais, que je lui appartenais ainsi qu'aux autres. Lors de cette entrevue, il m'a prise dans ses bras pour la première fois. La semaine suivante, il a de nouveau voulu interrompre nos rencontres. Inutile de dire que je m'y suis opposée fermement. Il m'a dit qu'il réfléchirait, j'ai traduit que je venais de gagner la partie. Après cette entrevue, nous avons franchi le seuil de ce que j'appelle: l'adultère-thérapie. Il avançait et reculait. C'était un véritable suspense et j'en souffrais. Toutefois, je ne devais pas pleurer devant lui, il disait trop en souffrir et il devenait furieux. J'attendais de lui un véritable engagement. Pour cela, je voulais que notre relation d'amants se passe ailleurs que dans le bureau. Au contraire, il tenait à ce que ce soit dans le bureau, il disait qu'il paniquerait si c'était ailleurs.

Aux grands maux, les grands moyens. Je devais nous trouver un lieu pour abriter notre amour envers et contre lui. J'ai acheté une maison à côté de chez lui, maison que j'habite toujours d'ailleurs. J'ai mis fin à la thérapie et il a commencé à venir chez moi. Il m'a, par la suite, amenée à sa maison de campagne lorsque sa femme n'y était pas. J'ai couché dans tous les lits conjugaux de cet homme. Juste avant Noël, j'ai découvert qu'il me mentait sur sa vie personnelle, il m'avait dit être veuf et s'être remarié. La réalité était autre. Sa première femme n'était pas morte, il l'avait abandonnée et s'était remarié avec une autre femme beaucoup plus jeune. Il m'avait caché cette partie de sa vie car il avait peur que je le prenne pour un salaud. Dans ma recherche de vérité, un homme qui ment ne peut être psychiatre. Je l'ai laissé. J'ai passé des fêtes misérables.

Son absence me mettait au supplice. J'ai résisté à lui rendre visite durant deux mois. Il est finalement revenu. Il était torturé par sa jalousie, me voyant libre et ayant peur de me perdre. Si j'avais l'air rayonnant, il interprétait cela comme quoi j'avais un autre homme dans ma vie et si j'étais fatiguée, c'était la même chose. Il se croyait le plus malheureux de nous deux. C'est devenu un adultère ordinaire et pourtant, avec lui, rien ne m'apparaissait ordinaire. Il venait à la maison chaque fois qu'il pouvait, je l'attendais. Il croyait me faire du bien. Sa relation avec moi l'a amené à vivre dans un mensonge terrible. Il m'a présenté à ses parents comme une grande amie. Je les fréquente encore. Le destin a voulu qu'il y ait beaucoup d'affection entre ses frères, ses sœurs et moi, c'est comme une famille.

On a dû mentir beaucoup, et plus on devenait intelligent dans le mensonge, plus je le méprisais. Sa jalousie me pesait. Je lui ai finalement demandé de mettre de la vérité dans sa vie. Le dernier soir, j'ai refusé qu'il me caresse: «Tu vas me caresser, puis t'en aller, et je vais rester seule à pleurer.» Il m'a répondu que je n'avais qu'à ne pas pleurer. C'en était trop. Je suis entrée dans une colère terrible. Il a dit: «Très bien, c'est la dernière fois que l'on se voit.» Il m'a quitté et n'est jamais revenu. À l'occasion, le téléphone sonne et il n'y a personne au bout du fil. Je sais que c'est lui.

Ma vie actuelle se résume ainsi: mon travail, ma fille. Je parle aujourd'hui parce que je voudrais que les autres femmes sachent que dès qu'un thérapeute bande, la thérapie est finie. Je suis une femme qui a gaspillé sa vie. Je me dis que les autres thérapeutes ne sont pas mieux. Je pleure. Je pense régulièrement à la morphine, c'est-à-dire au suicide. Il me semble qu'une thérapie ne devrait pas apporter une souffrance aussi épouvantable.

Maintenant, quand j'entre chez moi, j'ai la sensation de me retrouver dans un vestibule de verre. Je suis là et je n'ai de clé ni pour sortir ni pour entrer. Je suis prisonnière. Dans ma fantaisie, il n'y a que Samuel qui pourrait me délivrer, mais il s'occupe des autres, ses autres clientes que je vois passer chaque jour. Je me dis qu'il les sauve toutes, sauf moi! Ces pensées me rendent folle de douleur.

Dans la vraie vie, tout le monde semble s'entendre pour trouver que Samuel est un homme à son affaire. Cependant, même si je crois qu'il vit des romances avec ses clientes, je n'en ai aucune preuve. Je crois qu'un thérapeute, c'est un homme qui fait commerce de femmes. Ce sont presqu'exclusivement des femmes qui vont le voir! Pourtant, je me dis que les femmes en thérapie avec un homme, c'est une farce! Selon moi, les femmes sont plus avancées que les hommes sur le plan affectif selon moi. On ne peut pas amener quelqu'un où l'on n'est pas.

C'était un homme exorbitant pour moi. Exorbitant! Par exemple, j'ai acheté un condo tout à fait au-dessus de mes moyens pour faciliter nos rencontres. Il était très content de cet achat. Je n'ai plus un sou et cet achat me prive quotidiennement. Je vis comme si j'étais sur le bien-être social malgré mon salaire convenable. J'allais le voir à la campagne: juste pour payer l'essence, je devais réduire mon budget, déjà mince, consacré à la nourriture. Même avec si peu d'argent, je m'arrangeais pour que la bouteille de cognac à quarante dollars l'accueille à la maison. Il ne me faisait jamais de cadeau. Pourtant, il vivait dans l'abondance. Je le voyais embellir son univers pendant que le mien se détériorait.

Quand il m'a rencontrée, il m'a confié que j'étais une découverte sur le plan sexuel pour lui. Il était pour moi un amour essentiel, alors que j'avais l'impression qu'il me prenait comme sa danseuse du Moulin Rouge, un bon divertissement. Un homme repu qui se nourrit d'une mendiante, il me volait mon pain.

Même s'il était resté juste mon thérapeute, j'aurais vu que ses limites affectives l'empêchaient d'être un bon thérapeute. Il fait partie de la génération des hommes élevés par des curés. Ils ne connaissent que la femme mère ou putain, ils ne savent rien des femmes, ils en ont trop peur. Pourtant, cet homme thérapeute passait sa vie à écouter des femmes et il était aussi ignorant que les autres. Je ne pense pas que notre relation l'ait instruit. C'était un homme terriblement perturbé.

J'ai vraiment eu l'impression de l'aimer mieux que sa mère, de lui donner un amour bien à lui. Pour me rendre tolérable la clandestinité dans laquelle il me maintenait, je me disais que l'essentiel de lui-même était clandestin. C'était comme un coffre aux trésors qu'il ouvrait en cachette. Il vivait dans le sous-sol de lui-même. Peut-être est-il en train d'évoluer. Une fois, il m'a dit qu'il devrait retourner en analyse suite à notre relation. J'aime croire cette hypothèse, mais souvent, je pense davantage que je ne suis qu'une parmi tant d'autres et qu'il ne se sent pas concerné par ma douleur.

Je crains qu'il ne soit au théâtre avec ses patientes, comme un acteur, et qu'il ne se sente pas responsable. Les choses n'ont pas de conséquences. Ce n'est pas un homme de vérité. Paradoxalement, il voyait la thérapie comme quelque chose de sacré, une sorte de sacerdoce. Il était le premier à reconnaître qu'un thérapeute ne doit pas coucher avec ses clientes! Il disait que je l'avais séduit. Je crois qu'il vit des romances, qu'il se laisse bercer par l'amour et la dévotion que lui porte ses patientes, comme il s'est laissé bercer par la dévotion que lui portait sa mère, même si elle ne s'adressait pas vraiment à lui. Il me parlait d'une ancienne cliente qui l'appelait pour l'injurier. Il me disait qu'elle était psychotique. Je me demandais ce qu'elle avait vécu avec lui pour être si en colère. Je sais que sa deuxième femme est stérile et pourtant il s'est fait faire une vasectomie à l'âge de cinquante ans. Pourquoi? Pour faire l'amour à sa guise dans son sous-sol? Même si en principe il est contre l'agir sexuel en thérapie, un jour, il m'a dit qu'un thérapeute pouvait faire l'amour à une patiente pour se protéger contre sa psychose! En venant participer à la recherche, j'essayais de voir si d'autres femmes avaient eu le même thérapeute que moi.

Je doute et ce doute me paralyse. Je suis dans mon vestibule de verre. Je ne peux ni en sortir, ni y entrer. Je ne peux ni vivre mon amour, ni le haïr. Dernièrement, j'ai appris par une de ses sœurs, que ses hémorroïdes le rendaient souffrant. Je voudrais aller le soigner. J'ai failli ne pas résister et lui porter un petit pot d'onguent. Je ne peux l'aimer et ça me fait souffrir. D'un autre côté, je ne peux le haïr. Si j'apprenais qu'il y a d'autres patientes qui ont vécu la même chose, je pourrais le haïr, et il me semble que je serais impitoyable. Me noierais-je dans la haine comme je me suis noyée dans l'amour? Je me sens excessive!

Mais, j'attends. J'attends qu'il m'appelle à son secours. Je le méprise un peu. Je ne suis pas à bout d'âge, pourtant depuis neuf mois, personne ne m'a touchée. C'est un état de privation cruelle. Je ne désire aucun autre homme. Je n'ai pas l'espoir d'un autre amour. Après avoir connu une telle intensité dans l'intimité, je ne peux y laisser entrer personne d'autre. J'aime mieux me masturber.

Je pense qu'il avait de la difficulté à faire la séparation avec ses clientes. Lorsqu'il a voulu me référer, il aurait pu me convaincre. Malheureusement, il était ambivalent. Il avait peur que je m'en aille, que je ne revienne plus. Pourquoi m'aurait-il convaincu d'aller ailleurs? C'est vrai qu'il ne m'aurait pas revue s'il n'avait pensé qu'à mon bien, car il n'avait pas de place dans sa vie pour une relation plus profonde. Pour me revoir, je devais rester sa patiente. Ainsi, il avait toujours peur que je le quitte, il vivait dans l'angoisse. Je comprends pourquoi il voulait tant garder cette relation dans le bureau, il ne pouvait pas accepter de me voir ailleurs. Ce fut une grande bataille entre nous. En gardant notre relation amoureuse à l'intérieur des murs, il voulait me dire que ce ne devait pas être un amour dans le réel. Il gardait le contrôle. Il avait sûrement très peur. Je l'accusais de rester dans son fauteuil, à l'abri, en sécurité.

Durant mon enfance, papa a été mon seul repère affectif. À la place de ma mère, il y avait un grand vide. Papa, c'était la chaleur, la bonté, la douceur. À ma naissance, il semble qu'il soit tombé en amour avec moi solidement. Ma mère était jalouse de cette grande complicité qu'elle sentait entre nous. Selon les circonstances, elle m'en voulait ou m'utilisait. Lorsque papa a paralysé, elle me disait à propos des soins à lui donner: fais-le toi, tu as plus le tour que moi. J'en ai pris soin comme d'un enfant, je l'ai changé de couche, fait manger, etc. Plus jeune, lorsqu'elle avait peur qu'il se fâche, elle me faisait coucher entre eux. Elle croyait que j'avais fait l'amour avec lui. Ma place, que tout le monde respectait, était sur les genoux de mon père. Ma sœur me dit: «Tu étais la femme idéale pour papa.» Comme je crois que j'étais la femme idéale pour Samuel.

Papa aurait dû me protéger du mal que maman pouvait nous faire puisqu'elle avait très peu d'intérêt pour notre bien-être. Mais tout comme Samuel, papa n'a pas eu le courage de ses sentiments. Je me suis sentie abandonnée par lui, lorsqu'à la suite d'un revers financier, il est parti travailler plusieurs mois à l'extérieur. Durant ce temps, j'ai été persécutée par ma mère, elle me battait, me faisait faire la bonne. Un oncle qui nous visitait régulièrement a dit qu'il suspendrait ses visites parce que maman me battait trop. J'avais recommencé à mouiller mon lit. Je crois que je suis maintenant dans un état aussi lamentable qu'à cette époque, un état très semblable. Depuis que papa est paralysé, quatre ans déjà, il goûte à une certaine forme de cruauté de ma mère. L'abandonner ainsi me faisait tellement mal au ventre, je saignais, j'étais à la merci de mon épuisement tant j'ai essayé d'en prendre soin. C'est à ce moment-là que je suis allée consulter.

J'irais peut-être voir une femme en thérapie mais il faudrait que je puisse la respecter. J'ai pris beaucoup de risques dans ma vie, il faudrait que cette personne ait pris des risques aussi pour me comprendre et que je l'estime.

Je ne voudrais pas ressasser tout cela. Mais sans Samuel, c'est le vide, de quoi parlerais-je? Un jour sur deux, je pense sérieusement à me suicider. Et l'autre jour, je pense que je vais m'en sortir. Je n'aurais jamais pu parler de tout cela avant, j'aurais eu l'impression de le trahir. Il a fallu que mon besoin passe avant lui pour une fois. C'est le chemin de la guérison, je suppose.

Observations:

L'illustration du transfert et du contre-transfert facilite la compréhension de l'expérience de Sarah. Le rôle et l'importance de la projection du client y sont illustrés de même que le rôle et les caractéristiques d'une réponse thérapeutique ou non thérapeutique de la part du psychiatre.

Sarah se présente en thérapie ayant en main un curriculum vitae impressionnant et, au ventre, un mal persistant qui l'oblige à consulter. Donc, d'une part, un curriculum vitae qui fait entrevoir une femme pleine de ressources, une femme qui a pris beaucoup de risques, une guerrière, une chasseresse et d'autre part, une femme qu'un mal de ventre rend impuissante, un mal de ventre qu'elle a essayé de nier, de guérir, de tolérer, seule et avec les médecins. La source de son mal lui échappe. Finalement, un médecin lui suggère de consulter en psychiatrie supposant que ce mal est relié à des sources plus psychologiques que physiques. «Ça m'a pris six ans avant d'admettre que je ne réglerais pas cela toute seule.»

Pour une guerrière, se montrer vulnérable et venir demander de l'aide est conflictuel en soi. Dès le départ, le thérapeute aurait pu sentir ce conflit intérieur et la grande résistance de Sarah à venir consulter. Examiner et explorer ce déchirement risquent fort d'amener le thérapeute au cœur du problème de Sarah. Il semble que Samuel s'est plutôt laissé charmer par cette belle femme intelligente.

Sarah exprime du mépris et de la méfiance face à la thérapie qu'elle perçoit comme un danger. Ces sentiments se sont construits à partir de mauvaises expériences: chat échaudé craint l'eau froide! Personne n'est méfiant sans raisons, c'est un sentiment qui se construit à travers un vécu. D'ailleurs, Sarah affirme que depuis la fin de cette thérapie ratée, sa méfiance et sûrement son mépris se sont généralisés. Autrement dit, cette mauvaise expérience s'est additionnée à d'autres déjà accumulées et a consolidé et justifié ces sentiments. Quelles peuvent être les mauvaises expériences passées qui ont amené Sarah à se méfier au départ d'une profession dite aidante? Il n'y a que Sarah qui pourrait répondre à cette question, ce genre de réponse étant le véritable champ de compétence du client.

Toutefois, pour illustrer la notion de transfert, nous extrapolerons, imaginant une réponse à partir du peu que l'on connaît de la vie de Sarah. Beaucoup de gens se demandent pourquoi il faut revenir dans le passé et quelle est l'utilité de remuer les choses anciennes. Disons brièvement que l'expérience de l'amour vécu comme enfant avec nos parents, laisse des marques positives et négatives. Celles-ci sont souvent tellement profondes qu'elles se confondent avec notre personnalité initiale et sont difficilement identifiables. Pourtant, cette influence est toujours là, et il est souvent pertinent de comprendre ces marques anciennes lorsqu'elles nous causent des problèmes ou encore lorsqu'elles nous limitent dans la vie actuelle, par exemple à travers un mal de ventre persistant qui ne s'explique pas autrement. Ainsi, Sarah vit du mépris et de la méfiance ailleurs dans sa vie et elle est coincée de la même façon qu'en début de thérapie. Ces sentiments la limitent et l'empêchent d'aller chercher ce dont elle a besoin.

Sarah ne peut pas croire en ces gens qui disent pouvoir l'aider. Elle se moque allègrement de la méthode, elle conteste profondément la thérapie. La première expérience de relation d'aide dans notre vie, c'est la relation avec nos parents. Ces adultes sont sur notre chemin pour nous aider, nous protéger et nous apprendre à prendre soin de nous. C'est le vrai sens du maternage et du paternage. Lorsque Sarah nous parle de sa mère en disant qu'il y a un grand vide à sa place et qu'elle n'a jamais pu être son enfant, un frisson de tristesse nous secoue. Cette enfant n'a jamais été le nourrisson qu'elle aurait été en droit d'être. Sa mère était elle-même une enfant abandonnée, et comme l'a mentionné Sarah, elle ne pouvait être son enfant: les rôles étaient inversés. Suite à la première entrevue de thérapie avec Samuel, Sarah a pleuré toute la fin de semaine. Elle dit qu'elle avait senti ce thérapeute comme un être qui souffrait, l'homme cassé: «Je ne pouvais pas ajouter ma souffrance à la sienne.» Elle fut sensible à la souffrance de maman de la même façon et il lui fut interdit d'ajouter sa souffrance à la sienne. Lorsque le thérapeute lui dit qu'elle veut renverser les rôles, qu'elle ne veut pas être le nourrisson, il a raison sauf qu'il l'accuse de cette situation plutôt que de l'aider à comprendre que c'est ainsi qu'elle a appris et que sans aide elle répète son scénario de vie.

Il est vrai que Sarah tente d'inverser les rôles et ne veut pas être le nourrisson, c'est le transfert. Elle reproduit avec le thérapeute la façon d'être en relation qu'elle a apprise étant enfant dans sa quête d'amour et de reconnaissance: être grande, responsable et s'occuper de l'adulte en besoin. Il est impossible pour Sarah de se remettre dans la position du nourrisson sans faire face à une grande souffrance puisqu'elle s'est vue refuser la place de nourrisson à un moment où elle était en droit de l'attendre. C'est exactement ce cheminement qu'elle ne peut faire seule. Sarah a construit plusieurs mécanismes pour éviter cette douleur initiale. C'est ce que nous appelons nos mécanismes de défense. Ils sont très utiles pour nous protéger durant certaines périodes de notre vie mais ils deviennent parfois destructeurs.

Par exemple, un des mécanismes mis en place par Sarah consiste à faire en sorte que personne ne devine l'immense douleur qu'il y a en elle. Sa souffrance est un secret bien gardé: «Je pleure quand je rentre à la maison et je me lève en pleurant. Personne ne se doute du drame que je vis, je maintiens une image sociale intacte.» Si quelqu'un savait combien elle a mal en dedans, elle se retrouverait dans la position du nourrisson, ce qui est intolérable pour elle sans aide. Disons que Sarah ne peut jamais montrer qu'elle a faim. Ce mécanisme de défense la maintient cependant dans un état de privation extrême sur le plan affectif; cette privation même devient destructrice à la longue.

Voilà une partie de ce que le thérapeute aurait dû saisir, aurait pu saisir, car il doit savoir que la résistance du client est une protection mise en place par l'enfant pour éviter de faire face à des douleurs trop grandes pour ses moyens. Il travaille avec la résistance, il s'y associe étroitement, car c'est cette résistance même qui guide le thérapeute et son client dans leur recherche de la vérité.

Il est aisé de comprendre et de trouver fort légitime que Sarah tente, lors de la première entrevue, de faire oublier cette tare représentée par cet humiliant mal de ventre. Dans un élan désespéré et courageux, elle fait miroiter ses multiples expériences, ses exploits. Elle veut peut-être dire à Samuel: «Je suis paniquée à l'idée d'avoir besoin d'aide, j'ai peur que vous voyiez que je ne suis qu'une incapable, que je n'ai pas su me débrouiller seule, j'ai peur que vous me méprisiez.» Lorsqu'elle nous confie qu'elle veut montrer à cet homme devant elle, qu'elle n'avait pas mal au ventre pour rien, sa peur et son angoisse deviennent plus compréhensibles. Et notre éminent thérapeute s'est laissé éblouir, c'est humain, mais c'est vraiment une erreur professionnelle dont Sarah fait les frais. C'est le phénomène du contre-transfert. Samuel se laisse prendre par les charmes de Sarah et lui donne la même réponse qu'elle a reçu dans son enfance et qui lui fut néfaste. Et nous tombons ici dans le second volet de l'histoire de Sarah, ce qui aurait pu être sa seconde chance, son père.

Le seul repère affectif de l'enfance de Sarah, c'est son père. Le seul qui aurait pu l'aider et la protéger de maman. Mais ce père tombe en amour avec sa fille et oublie de la protéger des sévices de maman. Elle recommence à mouiller son lit. Sarah fait elle-même un certain lien entre ce qui lui arrive maintenant et ce qu'elle a vécu petite fille: «Je crois que je suis dans un état aussi lamentable qu'à cette époque.»

Dès la première entrevue, Sarah dit en parlant du thérapeute: «Je crois qu'il se retrouvait en moi.» À partir des grandes lignes de l'enfance de Sarah, il est possible d'inférer que papa s'est retrouvé dans cette fille adorée. Papa s'est projeté en elle tout comme l'a fait ici le thérapeute.

Que devient la petite fille avec son grand vide devant cet amour du père qui est un amour trop grand et surtout inadapté pour une petite fille? Elle est happée, aspirée, ligotée. Comment refuser cette adoration quand un si grand vide d'amour menace notre intérieur? C'est impossible. Cet amour inadéquat, c'est un amour qui lui est inaccessible, c'est un amour d'adulte qui doit s'adresser à la mère ou à une autre femme adulte. Ce n'est pas ce genre d'amour dont une petite fille a besoin. L'enfant a besoin d'un amour protecteur, d'un amour bienveillant qui la rassure et qui l'instruit lentement des difficultés de la vie et qui l'outille pour les affronter. Cette admiration du père donne à la petite fille l'illusion qu'elle est protégée alors qu'en fait, elle est seule pour faire face aux problèmes réels qui la préoccupent. Le père aussi est probablement à la recherche d'une illusion. L'échec de sa relation de couple le laisse probablement très seul. L'illusion qu'il n'est plus seul, qu'il aime et qu'il est aimé par cette enfant neutralise sa souffrance. Les parents qui ne règlent pas leurs problèmes de couple, leurs problèmes d'adultes, risquent fort d'utiliser les enfants à cette fin. Mais les enfants ne sont pas là pour cela et les clientes non plus.

Sarah n'a pas mal au ventre pour rien et l'échec de cette relation thérapeutique la plonge dans un grand désespoir. Peut-on comprendre pourquoi maintenant?

Que s'est-il passé pour le thérapeute lors de la première entrevue? Un grand sentiment d'attirance pour cette belle femme séduisante qui met tout en œuvre pour lui plaire, pour se faire aimer, comme d'autres clients mettront tout en œuvre pour se faire rejeter. Le client répète son scénario. Ce scénario a un impact sur le thérapeute. Le thérapeute se doit d'enregistrer cet impact au dedans de lui car il lui donne de l'information précieuse sur la dynamique du client. Samuel aurait pu se dire: Cette belle femme a apparemment tout pour plaire, pour être aimée et réussir dans la vie, et pourtant un mal de ventre incontrôlable nous indique que ce n'est pas si simple que cela et que cette femme souffre. Quel est le cœur de cette souffrance? C'est ce que Sarah et Samuel auraient eu à découvrir ensemble. Samuel doit se demander s'il est capable de l'aider à retracer le chemin de ses amours blessés.

Avec ce genre de réflexions, le thérapeute reste sur sa chaise de thérapeute, sa chaise de parent. La cliente et ses besoins restent au centre et le thérapeute est à son service. Mais lorsque Samuel lui communique qu'il vient d'un village voisin du sien, il vient de changer de chaise. Il veut avoir de l'attention lui aussi, il tourne la lumière vers lui. À ce moment précis, il manque à ses responsabilités et lorsque plus tard, il dira: «Il est cruel d'offrir l'amour sur un plateau d'argent à quelqu'un de ligoté», le thérapeute inverse les faits. Il s'est lui-même ligoté, il avait les moyens et la responsabilité de ne pas le faire, pourtant c'est lui qui offre à la cliente un amour inaccessible tout comme celui que papa lui offrait.

Bon, supposons qu'à cause de ses manques et de ses besoins personnels, le thérapeute a été incapable de résister à l'attraction ressentie. Une fois qu'il s'est mis les pieds dans les plats et qu'il s'est lui-même ligoté, que pouvait-il faire?

La solution qui lui vient est de référer la cliente. Il tente de le faire à quelques reprises. Comment se fait-il qu'il échoue? Pourtant, il aurait été la seule personne capable de convaincre Sarah qu'elle perdait son temps avec lui, qu'il ne se sentait pas en mesure de l'aider. Il aurait pu l'aider à trouver quelqu'un qui lui conviendrait. Mais il aurait fallu qu'il admette son incapacité, qu'il ose regarder la vérité en face et qu'il renonce au plaisir avec cette belle femme.

Sarah devra faire elle-même le chemin. Elle prend l'initiative de demander à Samuel un engagement plus réel, ce qui le fait fuir. Elle décide de participer à la recherche et de s'assurer que d'autres femmes n'ont pas eu Samuel comme thérapeute. Sa collaboration à la réalisation de ce livre est une façon de reconnaître les torts de Samuel et de commencer à s'en libérer. Par la suite, Sarah a entrepris un processus thérapeutique avec une autre thérapeute. Il est à espérer que celle-ci a su saisir la souffrance de cette femme et l'aider à la dépasser. Il ne faut toutefois pas croire que la solution à l'abus sexuel en thérapie avec un homme se résout toujours en allant voir une femme. D'autres victimes iront à nouveau consulter un homme et y trouveront la compréhension et l'appui nécessaire.

Marc-André et Laura

*La présence d'un homme parmi toutes ces femmes semblait étrange.
Nous étions convaincues qu'il avait dû prendre de grandes respira-
tions pour se donner le courage d'entrer dans la salle. Il semblait
cependant assez à l'aise malgré les circonstances. Marc-André est un
homme séduisant, s'exprimant facilement. Il a écouté les histoires
féminines avec respect et complicité. Allions-nous pouvoir nous associer aussi simplement à la sienne? Comment un homme peut-il être
victime d'un abus sexuel?*

Mes relations avec les femmes sont très compliquées. J'ai l'impression de tisser une toile d'araignée dans laquelle les femmes se
font prendre mais, comme on dit si bien, tel est bien pris qui croyait
prendre! Je me sens sérieusement ligoté dans ma propre toile, au
centre de tous ces liens enchevêtrés.

Cinq ans auparavant, je m'étais séparé de Françoise, ma femme.
Aline était alors ma maîtresse. J'ai vécu quelques années de grande
passion avec cette dernière, jusqu'à ce que mon ex-femme, Françoise,
revienne dans le décor. Lentement, j'ai pris mes distances avec Aline,
j'ai annulé un voyage en Grèce projeté avec elle et je suis retourné
avec Françoise. Je voyais Aline de temps à autre et j'y pensais
souvent. J'étais avec Françoise sans trop y être, je l'ai donc laissée à
nouveau et je suis retourné avec Aline, mais ce n'était pas mieux! Je
l'ai, encore une fois, quittée. J'étais en train de faire un vrai fou de
moi. J'aurais aimé que mes ruptures se fassent comme au théâtre
lorsque le rideau tombe, mais, malheureusement pour moi, j'étais
plutôt le genre de criminel qui ne peut s'empêcher de retourner sur les
lieux du crime!

J'avais des étourdissements, des maux de tête. Françoise, mon
ex-femme, était allée en thérapie avec une certaine Laura et c'est suite
à sa suggestion que j'ai décidé d'aller rencontrer cette psychothérapeute. Je voulais retrouver une certaine liberté intérieure pour être
capable de m'aligner dans ma vie. J'en avais soupé de ces aller et
retour entre mes femmes qui me donnaient peut-être, à l'extérieur, les
allures d'un sacré Don Juan, mais moi, où étais-je dans tout cela? Je
payais cher mes illusions!

Laura pratiquait dans une clinique où l'on offrait aussi des massages. Je venais de quitter Aline et Françoise, et je me suis retrouvé
avec Laura, ma thérapeute et Caroline, la masseuse de la clinique. Je

me suis lancé à fond dans la thérapie, j'y allais deux fois la semaine. J'adorais ça. N'importe qui ayant un peu de distance aurait pu se rendre compte que je réinstallais le même scénario. Pourquoi me fallait-il deux femmes? Je sais maintenant que le psychothérapeute doit être attentif à cela. Laura, elle, n'a rien vu!

Un mois après le début de nos entretiens, j'ai demandé à Laura s'il lui arrivait de sortir avec ses clients. Elle m'a répondu: «Ça, c'est un préjugé!» Je ne sais pas ce qu'elle a vraiment voulu dire, c'était un message pour le moins ambigu, mais, à partir de ce moment-là, je me suis dit que la porte était ouverte. Je savais aussi que je voulais l'avoir depuis longtemps, j'idéalisais les psychologues, sa conquête représentait beaucoup pour moi. Comment allais-je m'y prendre? Je ne savais pas trop comment mettre fin à la thérapie pour passer à une relation plus privée. J'ai décidé de partir en voyage pour me donner l'occasion de quitter mes sessions de thérapie sans me sentir trop coupable.

J'ai voyagé seul. Les dix premiers jours furent extrêmement pénibles. J'ai téléphoné à Aline, j'ai écrit à Caroline et à Laura. J'allais partout, je n'étais bien nulle part. J'étais très angoissé ce qui fait qu'en revenant, ne pouvant tolérer le vide, j'ai repris ma thérapie. Ce fut pour un court laps de temps, car Laura partait pour l'Europe à son tour. Elle n'a pu s'empêcher de me parler de son voyage, ce qui m'a offert sur un plateau d'argent l'occasion que j'attendais pour sauter les bornes. Je l'ai invitée à souper la veille du départ. Elle a accepté. Inutile de dire que ce fut une soirée riche en palpitations. La conversation s'est continuée sur un plancher de danse, serrés l'un contre l'autre, contenant à peine la violence du désir qui nous envahissait. Lorsque je suis revenu à la maison ce soir-là, j'étais tout croche, fébrile, excité, énervé de ce qui m'arrivait. J'étais en amour!

J'ai beaucoup pensé à elle durant son voyage, le mois m'a semblé bien long. À son retour, dès mon deuxième rendez-vous, je lui proposai une fin de semaine à la mer qu'elle accepta sans hésiter. Je volais sur un petit nuage rose! J'ai brûlé le moteur de ma voiture durant cette escapade amoureuse, et je continuais de me dire que tout allait bien. J'étais en amour!

J'ai senti assez rapidement que je l'épargnais, je ne disais rien sur ses petits travers. Je trouvais qu'elle rechignait sur tout, qu'elle était impatiente. Je me taisais. Je continuais à aller en thérapie la semaine et je sortais avec elle la fin de semaine. J'attendais qu'elle mette fin à la thérapie, je trouvais que c'était à elle de le faire. Au bout d'un mois, comme rien ne venait, j'ai mis fin à tout, j'ai laissé Laura, la thérapeute, Laura, la femme et Caroline, qui continuait de me donner des massages tout ce temps-là.

Marc-André fait une pose et s'inquiète de nous. Il se demande si ses auditrices arrivent à se démêler dans toutes ces femmes, toutes ces ruptures ratées. Rien n'existe vraiment et rien n'est jamais vraiment fini. Il y a de quoi ressentir de la confusion. À ce moment-là du récit, l'impasse de Marc-André est tangible.

Après ces adieux, je me suis retrouvé seul, vraiment seul. Laura m'avait donné le nom de Michelle, une de ses amies psychothérapeute. Je suis allé la rencontrer. Je suis encore en thérapie avec elle. Toutes mes sessions de thérapie passent à essayer de démêler mes aller retour avec Laura car, il fallait s'en douter, ma rupture avec Laura ne put être plus définitive que le furent toutes les précédentes.

Je commence à comprendre que je refais présentement exactement la même chose qu'avec Aline et Françoise. Je revois Laura, je sors quelques temps avec elle, je fais un petit voyage ou autre chose du genre et je la laisse à nouveau, convaincu que je ne l'aime pas. «Pourquoi la répétition de ce scénario?» se demande ma nouvelle thérapeute. Il faut que je le trouve car je suis en train de me détruire dans ce processus. Ces interminables ruptures à répétition minent ma confiance en moi. Quand je dis que c'est fini, je ne sais jamais si c'est vrai et si je peux y croire. Peut-être suis-je un homme incapable d'endurer quelqu'un d'autre? Un égoïste, un vilain enfant gâté, l'enfant gâté que je fus d'ailleurs dans mon enfance, paraît-il.

J'ai très peu connu mon père, il était absent de la maison plus souvent qu'à son tour et je ne suis pas très attaché à ma mère. C'est de la bonne, Noëlla, dont je me souviens et de ma grand-mère. J'étais le premier garçon, et on me laissait tout faire. Personne ne me mettait de limites. Si je voulais manger du chocolat pour souper, je mangeais du chocolat! Psychologiquement, je dirais que je mange encore du chocolat à temps et à contretemps, je ne peux pas m'en empêcher. Il est possible que j'attende encore que quelqu'un me manifeste assez d'attention pour me mettre une limite. Mon rêve serait que quelqu'un fasse pour moi ce que mes parents n'ont pas su faire. Je sais que si je me mettais à manger comme tout le monde, ma vie serait plus satisfaisante, mais je n'y arrive pas. C'est en dehors de mon contrôle.

Je n'ai pas vu Laura depuis deux mois, j'espère que j'aurai le courage de ne pas la rappeler ou de lui dire non si elle tente de me rejoindre. La dernière fois que je l'ai vue, c'était aux Fêtes. Je n'avais rien de programmé. À la dernière minute, elle m'invite pour le jour de Noël. Je ne me suis pas demandé si ça me plaisait ou non. Son téléphone m'a sauvé d'une journée de Noël vide et angoissante. J'ai donc accepté d'aller dans sa famille. Durant la soirée, je me suis senti vraiment mal. Je me disais: Qu'est-ce que je fous ici dans une famille qui n'est pas la mienne, avec des étrangers, des gens que je n'ai pas choisis, une blonde que j'ai quittée, alors que j'ai des enfants, des frères, des sœurs! J'avais en pleine face le ridicule de ma vie si flamboyante. J'ai senti combien je me laissais organiser, combien j'attendais que les autres me disent ou me donnent ce dont j'avais besoin. Je me sens loin de mes enfants et ils me manquent, tout comme je me sens loin de moi.

Observations:

À première vue, il semblait que Marc-André s'était tiré assez bien de sa liaison avec son thérapeute. Il paraissait plein d'assurance et disait avoir fait payer Laura puisqu'il l'avait quittée alors qu'elle s'accrochait à lui. De là, il était facile de se demander si les hommes souffraient moins de l'abus sexuel et réussissaient à garder le contrôle de la situation. Dans un deuxième temps, il devint évident que le bien-être apparent de Marc-André était une illusion. Cet homme était de plus en plus désespéré face à l'idée de vivre une relation amoureuse satisfaisante même s'il continuait à se présenter en chevalier vainqueur. La détresse de Marc-André était tout simplement bien protégée.

Quant à Laura, il est difficile de bien la situer dans les différents scénarios utilisés par les thérapeutes. S'agit-il d'un thérapeute qui gère le transfert positif comme s'il lui était adressé personnellement plutôt que comme le résultat de la situation thérapeutique? C'est possible. Marc-André est bel homme et met les thérapeutes sur un piédestal: «J'idéalisais les psychologues, sa conquête représentait beaucoup pour moi.» Cette dévotion ne s'adressait pas à Laura, mais bien à la psychologue. Cette dernière peut fort bien, dans un moment de sa vie où elle est en mal d'amour, avoir été tentée d'accepter cette adulation illusoire.

On peut supposer que Laura est une psychologue qui n'est

absolument pas située par rapport aux limites et aux responsabilités du thérapeute. Sa réponse floue et ambiguë lorsque Marc-André lui demande s'il lui arrive de sortir avec ses clients confirme cette hypothèse: «Ça, c'est un préjugé!» lui affirme-t-elle. De bonnes raisons nous incitent à douter de sa compétence. En effet, il est très étonnant qu'elle n'ait absolument pas saisi que Marc-André répète avec elle ses difficultés affectives antérieures. Il semble qu'elle ait perçu les moyens de défense de Marc-André et non ses vulnérabilités et son appel à l'aide. Le thérapeute d'expérience sait que toute personne qui se donne la peine de venir le consulter a en lui une zone de détresse qu'il soit capable ou non de la dévoiler.

Lorsqu'un homme confie au thérapeute ses multiples conquêtes et ruptures, ce dernier est en mesure de décoder que ce client est piégé dans une recherche qui ne lui donne jamais ce qu'il désire vraiment. De plus, il est utile de se rappeler que Laura avait été le thérapeute de Françoise, l'ex-femme de Marc-André. Laura a-t-elle voulu réussir là où Françoise avait échoué? C'est une autre hypothèse à explorer. Chose certaine, Laura se serait facilitée la tâche si elle avait référé Marc-André dès le départ puisque qu'elle avait traité son ex-épouse. Celui-ci aurait été assuré de commencer sa thérapie en terrain vierge.

Finalement, il semble que Laura soit tombée en amour avec Marc-André. Le grand amour, c'est le rationnel idéal pour le thérapeute qui veut se soustraire à ses responsabilités. La plupart des gens continuent de croire que l'amour est une vague de fond qui nous emporte sans que l'on puisse réagir et, traditionnellement, le grand amour obtient tous les pardons. Pourtant, tout cela est faux. Les pulsions sexuelles peuvent aussi bien se contrôler que la colère, encore faut-il reconnaître leur expression destructrice s'il y a lieu. Tout le monde s'accorde maintenant pour faire de la place aux sentiments de colère qui nous habitent et pour leur trouver des moyens d'expression. Par ailleurs, la colère passionnée dégénère rapidement en violence et chaque individu doit apprendre à contrôler cette pulsion. Il en est de même pour certaines attirances amoureuses. Il y a des attraits qui nous entraînent dans des relations destructrices et souffrantes, comme c'est le cas de la plupart des relations sexuelles entre thérapeutes et clientes. Si Laura se sentait vraiment attirée par Marc-André, consciente que cet attrait peut, dans la très grande majorité des cas, entraîner des séquelles négatives pour le client et pour elle-même, elle aurait dû chercher de l'aide pour maîtriser cet attrait.

C'est plutôt des grands besoins d'amour de Laura dont il s'agit ici, plutôt que du grand amour. Si Laura s'était préoccupée du sort de Marc-André, son principal intérêt aurait été de saisir ce dont il avait véritablement besoin et elle se serait occupée de ses propres besoins d'amour dans un autre contexte et avec un autre amoureux.

En dernier lieu, signalons que Laura semble oublier que le thérapeute demeure lié à son rôle même entre les sessions et en dehors du bureau. Elle accepte sans hésiter une fin de semaine à la mer et poursuivra les entrevues par la suite. L'incompétence et l'irresponsabilité de Laura sautent aux yeux. Toutes les rationalisations, que ce soit sous prétexte d'amour ou du fait que de tels gestes se passent en dehors de la thérapie, ne libèrent pas le thérapeute de ses responsabilités.

Avec sa nouvelle thérapie et nos rencontres de groupes, Marc-André commence à saisir en quoi son scénario de vie s'est répété avec Laura: «J'étais le premier garçon, on me laissait tout faire. Personne ne me mettait de limites. Si je voulais manger du chocolat pour souper, je mangeais du chocolat! Psychologiquement, je dirais que je mange encore du chocolat à temps et à contretemps, je ne peux m'en empêcher, on dirait que j'attends encore que quelqu'un me mette une limite, que quelqu'un fasse pour moi ce que mes parents n'ont pas fait.» En ne lui imposant pas de limites, les parents de Marc-André l'ont laissé à lui-même pour ainsi dire, ce qui l'amène à un sentiment d'insécurité et de grande solitude. Probablement qu'enfant, tout comme en thérapie, il donnait déjà le change et apparaissait comme un enfant qui se débrouille bien seul. Laura n'a pas su maintenir la limite et a ainsi répété le scénario perturbateur de Marc-André.

Les séquelles de Marc-André seront directement reliées à cette répétition. Un sentiment de culpabilité naît: «J'ai décidé de partir en voyage pour me donner l'occasion de quitter mes sessions de thérapie sans me sentir trop coupable.» Cette culpabilité entraîne une atteinte à l'estime de soi: «Peut-être suis-je un homme incapable d'endurer quelqu'un d'autre. Un égoïste.» Bien sûr, avec toutes les ruptures qu'il a accumulées, il est facile de concevoir qu'il s'attribue encore ce nouvel échec. De plus, il s'en veut de ne pas réussir à faire ses ruptures comme du monde: «J'aurais aimé que mes ruptures se fassent comme au théâtre lorsque le rideau tombe, ces interminables ruptures à répétition minent ma confiance en moi.» Marc-André se déteste dans ce rôle, que lui a permis de jouer Laura, et son sentiment d'incapacité s'ancre plus solidement.

Marc-André est également aux prises avec de la colère réprimée. Il nous a confié qu'il s'était beaucoup demandé pourquoi Laura n'avait pas mis fin d'elle-même à la thérapie lorsqu'elle avait pris conscience de la tournure des événements. Il a attendu un bon moment avant d'y mettre fin lui-même, dans l'espoir qu'elle le fasse. C'est le seul moment où Marc-André s'est donné le droit d'exprimer une pointe de colère.

Lorsqu'il quitte Laura, un grand sentiment d'isolement et de vide l'habite: «Après ces adieux, je me suis retrouvé seul, vraiment seul.» C'est l'impasse et l'angoisse. Les maux de tête reprennent, accompagnés de difficultés d'attention et de concentration. Toute son énergie est monopolisée pour régler ses problèmes affectifs.

Pour s'en sortir, il retourne en thérapie et y parle de son vécu avec Laura: «Toutes mes sessions de thérapie passent à démêler mes aller et retour avec Laura.» Il pose d'autres actions en venant participer à la recherche, en s'impliquant dans le groupe de victimes et en acceptant de collaborer à ce livre. Nous avons eu l'impression que la rage refoulée de Marc-André pouvait motiver inconsciemment ces dernières démarches. En venant nous parler de Laura, Marc-André sortait de son rôle de coupable pour se retrouver au banc des victimes. Accepter que Laura s'était servie de lui représentait tout un revirement de situation puisqu'il donne d'abord l'image de celui qui contrôle tout. Dans cette position, sa colère est plus légitime. À mesure qu'il parlait, il prenait conscience de l'impact que cette expérience avait eu sur lui. Alors qu'au début de la rencontre, il semblait nous dire qu'il en avait fini avec elle et qu'il lui avait remis la monnaie de sa pièce, vers la fin de la rencontre, il se rendait compte qu'il n'avait pas attribué beaucoup de responsabilité à Laura dans cette relation pas comme les autres.

Après son départ, il nous restait un soupçon d'inquiétude. Marc-André avait mentionné que Michelle, sa nouvelle thérapeute, était une amie de Laura. Notre expérience nous a amenées à constater que très souvent les thérapeutes abusifs se réfèrent entre eux ou tout au moins référeront à d'autres thérapeutes qui verront ce comportement comme sans conséquences. Michelle aidera-t-elle vraiment Marc-André à reconnaître l'abus dont il fut victime? Peut-être que oui, peut-être que non. L'avenir nous le dira.

Marjolaine et Simon

Autour de la trentaine, Marjolaine est une belle brunette frappante. Elle a écouté les histoires des autres avec une attention déconcertante. On la sent pleine de questions, avide. Elle dévore tout ce qu'elle entend et semble comprendre vraiment de l'intérieur ce que les autres racontent. Elle est très expressive. À la fin des sessions de groupe, elle a manifesté le désir de revoir les autres participants. Elle aurait aimé que de telles rencontres se poursuivent.

J'ai frisé la folie, j'ai frôlé la mort et c'est ma recherche de la vérité qui me délivre lentement des effroyables angoisses qui ont suivi la fin de ma thérapie. Ma détresse fut sans bornes. Le mal est encore là, il me transperce lorsque je m'éveille la nuit, mais il est circonscrit je crois. Il y a maintenant de grands moments dans la journée où je me sens bien.

J'ai fait beaucoup d'efforts pour oublier ce cauchemar qui a failli m'emporter il y a cinq ans! Si je suis ici aujourd'hui, c'est que je suis forte. Au moment de dévoiler cette histoire secrète de ma vie, je me sens très émotive, j'ai peur d'être incomplète dans mon récit, et d'être ainsi mal interprétée et jugée.

Simon n'était pas un psychologue diplômé, il se disait psychothérapeute, spécialiste en tout: couple, alimentation, sexualité, etc. Lorsque je lui ai demandé quelles avaient été ses études, il m'a répondu: «Je n'ai rien à prouver à personne, si tu ne me fais pas confiance, tu n'as qu'à t'en aller.» Tout dernièrement, je lisais un article qui expliquait qu'au début d'une thérapie, le client passe par une étape de méfiance pendant laquelle il cherche à savoir s'il peut faire confiance au thérapeute. On y disait que le thérapeute se devait de répondre aux questions du client qui a le droit de savoir à qui il a affaire avant de se confier. Cette démarche est très saine, paraît-il. Pour ma part, je croyais que ma curiosité était un indice de ma résistance et que je devais apprendre à m'abandonner les yeux fermés!

Simon pratiquait le cri primal. Mon mari et plusieurs de mes amis participaient à ses sessions. Tout le monde l'adulait. Même si cet homme était pervers et malade, je suis certaine qu'il avait un très grand charisme, c'est la seule hypothèse qui peut rendre toute cette histoire vraisemblable! Vous êtes-vous déjà demandé ce que pouvait bien avoir Hitler pour que des milliers de personnes n'aient plus de jugement devant ses ordres!

La comparaison est forte et fait réagir les gens du groupe. Marjolaine s'enflamme et explique combien il est important qu'elles saisissent l'emprise de Simon. Estelle se fait le porte-parole du groupe et la rassure: «Être sous l'emprise de quelqu'un, ça nous connaît!». Calmement, Marjolaine continue.

Comment en suis-je venue à consulter? J'avais un idéal de couple que je n'arrivais pas à vivre. Le reste de ma vie allait assez bien. C'est bizarre à dire, mais c'est ma thérapie qui m'a rendue malade. Avant cette thérapie, ce dont j'étais consciente, c'est que ma vie de couple ne me satisfaisait pas. Je n'arrivais pas à vraiment communiquer avec mon mari, j'avais la nette sensation que nous passions l'un à côté de l'autre sans vraiment nous atteindre, sans nous nourrir mutuellement. Je me sentais impuissante à le rejoindre. Depuis un an déjà, il allait régulièrement à ces sessions de thérapie. Il semblait emballé et surtout, il semblait vivre avec des étrangers une communication que nous n'arrivions pas à vivre ensemble. Tout cela m'inspirait des sentiments très contradictoires que je n'arrivais pas à démêler. Je lui en voulais d'investir ailleurs qu'avec moi et en même temps j'avais peur de me rendre compte que, s'il ne communiquait pas avec moi, c'était parce que je ne savais pas communiquer. Je me sentais jalouse, je me sentais abandonnée, je m'en voulais d'être si compliquée et je me trouvais vieux jeu. J'étais curieuse aussi de voir ce qui se passait de si «tripant» dans ces rencontres.

C'est avec toutes ces pensées et ces émotions pêle-mêle que j'ai décidé de joindre mon mari dans son groupe de thérapie. Quelques temps après, mon mari a quitté le groupe, je n'ai aucune idée pourquoi, mais ce qui me frappe maintenant, c'est que je ne me sois même pas posé la question à l'époque. Pourtant, j'étais allée là pour travailler ma relation de couple. Est-ce que j'avais déjà abandonné mon objectif de départ? Est-ce que la présence de mon thérapeute me captivait tellement que j'en oubliais un peu mon mari? Ou encore, étais-je maintenant convaincue que c'était moi la fautive dans notre mauvaise communication et que par conséquent, je devais travailler sur moi? Je ne sais plus.

En réalité, mon thérapeute m'est tombé dans l'œil dès le début de nos rencontres. D'ailleurs, c'est pour ça que je me suis sentie si coupable dans toute cette histoire. J'ai cru, et je le crois peut-être encore, que cette attirance que j'ai ressentie pour lui était responsable de toute cette mésaventure. J'ai la sensation que dès que j'ai mis les pieds dans cet endroit, j'ai été piégée.

J'y allais deux fois la semaine. Une fois en groupe et une fois en individuel. C'était une thérapie dite corporelle. Cette approche thérapeutique a comme hypothèse de travail que toutes nos pensées et nos émotions sont inscrites dans notre corps et qu'en intervenant sur le corps, on peut provoquer des changements chez l'individu. Je trouvais que cela avait un certain bon sens. Nous étions étendus par terre et nous faisions une sorte de travail pour retrouver dans notre corps les sensations de notre naissance. Durant ces travaux de groupe, il s'approchait de moi et dépassait toujours les bornes sans que les autres ne s'en rendent compte. Il me dérangeait sans cesse car au lieu de me faire des touchers thérapeutiques, il se faisait un peu plus pressant, un peu plus caressant, de façon à m'exciter sexuellement. Sentir qu'il passait la main dans mon entrecuisse, alors que tous les autres du groupe étaient étendus juste à côté et risquaient de le surprendre, m'érotisait immanquablement. Il me répétait souvent à propos de tout et de rien: «Laisse-toi être». Je ne savais pas ce qu'il voulait dire.

Un jour que j'étais dans son bureau, toujours soigneusement fermé à clé puisque sa femme travaillait dans la pièce d'à côté, il m'a demandé de m'étendre sur lui et de me laisser «être». Suivant mon impulsion, je l'ai embrassé. J'avais l'impression d'avoir enfin compris ce qu'il désirait. À partir de ce moment-là, ma thérapie s'est peu à peu transformée en thérapie sexuelle ou plutôt en orgies sexuelles. Ce fut un déploiement de techniques incroyables. Je n'arrivais plus à désirer mon mari, c'est pourquoi Simon continuait de me soigner. Il me demandait de le masturber, de faire des culbutes nues devant lui, toutes sortes de choses que vous ne pouvez pas imaginer. J'allais bientôt de vaginite en vaginite tant ses caresses m'irritaient car peu à peu, je devenais plutôt terrorisée par ce qu'il me demandait et je ne lubrifiais même plus la plupart du temps. Il m'emmenait avec lui dans les congrès. Ça me faisait plaisir, même si je devais payer ma propre chambre d'hôtel pour que notre relation passe inaperçue. Il disait que les autres seraient jaloux.

Il est devenu le centre de ma vie. Au début, il m'avait si bien accueillie et encouragée. Je suis devenue super dépendante de lui. J'avais peur qu'il me laisse, je me suis mise à lui poser des questions sur sa vie, sur les raisons qui l'amenaient à me faire certaines choses ou à me mettre dans des situations que je trouvais humiliantes, comme les culbutes nues par exemple. Ces questions le mettaient hors de lui. Il me disait qu'il devait être très patient pour m'endurer ainsi. J'en étais convaincue. Je me disais: «Qu'est-ce que je lui apporte?». Rien à côté de ce qu'il fait pour moi et de plus, il m'accepte telle que je suis. Mon angoisse augmentait car je sentais qu'il m'acceptait moins qu'au début. Plus j'étais angoissée, plus je posais des questions et cela avait pour effet de le mettre hors de lui.

Je suis alors devenue dépressive. Il m'a fait prescrire des anti-dépresseurs. Je sentais que je lui tombais sur les nerfs parce que je le confrontais. J'essayais de le prendre en défaut. Je surveillais compulsivement tout ce qui aurait pu le toucher de près ou de loin. Je finis par découvrir qu'il était dans les AA et qu'il avait divorcé plusieurs fois. Je devinais qu'il y avait quelque chose de malsain dans nos rapports et je cherchais des preuves.

C'était un comédien hors pair, toujours très convaincu de son rôle. Si je lui parlais de l'adultère, il me disait que c'était la fidélité du cœur qui était importante. Il affirmait qu'il sauvait mon couple en agissant ainsi avec moi. Il venait nous visiter à la maison et était très gentil avec mon mari. Comment voulez-vous comprendre quelque chose dans toute cette fausseté?

Je me suis retrouvée totalement dépendante de lui. Il m'a abandonnée deux fois, et les deux fois, j'ai failli y passer. Deux tentatives de suicide, un désespoir terrible. Pour m'en sortir, j'ai d'abord travaillé cent heures par semaine afin de ne penser à rien. En rentrant de travailler, je m'enfermais et buvais. Je luttais pour survivre. J'étais en train de devenir alcoolique. C'est finalement mon désir de connaître la vérité qui fut mon premier pas vers ma guérison. Dans mes recherches sur lui, j'avais découvert certains endroits où il avait travaillé antérieurement. Je voulais absolument confronter mes idées sur lui avec d'autres personnes. J'ai retracé un certain Dr Martin qui avait été son confrère, il m'en a appris beaucoup à son sujet. Il m'a dit clairement que cet homme était un malade. Ça m'a soulagé parce qu'il confirmait ce que j'appréhendais, mais ça m'a aussi rendue très triste. Pourquoi n'avais-je pu faire confiance à mon jugement? J'étais triste et me sentais bien diminuée d'avoir subi tout cela.

Le Dr Martin m'a référée à un psychologue qui m'aiderait à voir clair et à m'en sortir. Je suis encore en thérapie. J'ai découvert que ma mère était un peu comme Simon, un être malade. Enfant, je me suis débattue exactement comme avec Simon. J'étais trop petite pour savoir que ma mère était malade mais j'étais constamment révoltée et j'essayais de la confronter, de trouver des preuves que ce qu'elle me faisait n'était pas de l'amour. J'aurais tellement voulu qu'elle m'aime. Je n'étais pas assez vieille pour voir les limites de ma mère, alors je croyais que c'était moi qui n'était pas correcte. Exactement comme avec Simon. Je ne connaissais pas assez ce qu'était la thérapie pour dire avec certitude qu'il me faisait du mal. Maintenant, j'ai le réflexe de vérifier à l'intérieur de moi si je suis d'accord avec ce qui m'arrive, si je me sens bien avec ceux qui disent m'aimer. Si je ne suis pas bien, je ne crois pas leurs déclarations.

Observations:

En lisant l'histoire de Marjolaine, une sensation de folie, de maladie mentale hante nos esprits. Marjolaine a subi beaucoup d'incompétence. Son mari était en thérapie dans cet univers un peu fou et véhiculait sûrement, plus ou moins à son insu, les valeurs et les croyances de ce thérapeute qui se présentait comme tout-puissant.

Marjolaine a d'abord subi les effets de cette thérapie dans sa relation de couple et avec ses amis: «Tout le monde l'adulait... il avait un très grand charisme.» Tous étaient emballés par leur thérapie. Lentement, elle s'est vu mise au rancart ou tout au moins ne faisant plus partie de la gang. La communication avec son mari se détériorait et elle s'en est rapidement attribuée la responsabilité. C'était facile d'en arriver à cette conclusion puisque son mari semblait si bien communiquer avec les autres! Pourtant, quand un membre du couple va en thérapie, sa démarche personnelle provoque toujours des effets sur le couple. C'est reconnu. Le thérapeute avisé doit prévenir son client de cet impact et l'aider à gérer ces transformations dans son couple et dans son milieu. Simon n'aide pas le mari de Marjolaine dans cette situation. Au contraire, il profite de la venue de celle-ci pour s'immiscer définitivement dans ce couple: «Il venait nous visiter à la maison et était très gentil avec mon mari.»

Marjolaine compare la pauvre communication qu'elle a avec son mari aux relations extraordinaires qui semblent exister dans ce groupe de thérapie et décide de s'y joindre. C'est à partir de là que son cauchemar commence et il durera plusieurs années au cours desquelles elle frôlera la mort et la folie. Certains diront sans doute qu'elle portait en elle les germes de cette folie. Marjolaine, comme nous tous, avait sans aucun doute des lacunes et des manques à combler. Avide d'intensité, elle était une proie facile pour un thérapeute en manque de pouvoir. Toutefois, une aide adéquate l'aurait amenée à voir ces manques et à s'en occuper plutôt que de s'y engouffrer.

Voici une façon d'illustrer la situation: un homme se présente chez le docteur, il a des ulcères d'estomac, le médecin lui prescrit des médicaments qui endorment son mal, l'amènent dans un état d'euphorie et entretiennent l'illusion de la guérison; après plusieurs mois de traitements et après avoir augmenté les doses de médicaments, cet homme est hospitalisé et frôle la mort de peu, son mal ayant dégénéré à son insu. Un médecin compétent se serait occupé de soigner les ulcères plutôt que de simuler la guérison à travers une euphorie artificielle et destructrice. Marjolaine ressemble à cet homme qui fait confiance au médecin car il a mal et il ne connaît pas mieux.

Marjolaine indique elle-même le sens de son attachement au thérapeute: «J'ai découvert que ma mère était un peu comme Simon, un être malade.» Pour saisir le transfert, il faut inverser la phrase. Marjolaine a senti inconsciemment chez Simon une ressemblance avec ce qu'elle avait vécu avec sa mère. Instinctivement, elle s'est mise à rejouer son scénario. Elle est devenue dépendante de cet homme comme elle l'était de sa mère étant enfant. Sa mère malade avait été dans l'impossibilité de lui donner l'attention dont elle avait besoin pour construire son identité et son estime de soi. Comme toute cliente, elle reprend avec son thérapeute sa quête d'amour inassouvie durant son enfance.

N'attendant que la réponse du thérapeute, elle est incapable de faire confiance à ce que son corps et son intuition lui disent: «Je devinais probablement qu'il y avait quelque chose de malsain dans nos rapports et je cherchais des preuves», exactement comme lorsqu'elle était enfant. Menée par son grand besoin d'amour, Marjolaine n'est pas en mesure de résister à cet homme séducteur qui lui offre une place privilégiée. Pensons à toutes ces sectes religieuses et à certains autres mouvements thérapeutiques. Combien s'y engagent sans être capables de discernement? Il est très difficile de s'affirmer et de quitter ces lieux de thérapie ou de religion lorsque les meneurs dégagent un puissant charisme et utilisent tout leur pouvoir de séduction. Ces personnages se servent de leur ascendant et de leur pouvoir sans pudeur. Ils sont les seuls à savoir: «Il se disait psychothérapeute, spécialiste en tout: couple, alimentation, sexualité, etc...».

Marjolaine, tout comme dans son enfance, se voit sans défense et subjuguée par le charisme de cet homme: «J'étais plutôt terrorisée.» Certaines personnes, n'ayant pas les mêmes dispositions que Marjolaine à la dépendance et à la soumission ou n'ayant pas le même passé, peuvent réussir à s'enfuir devant ce genre de situations. Il ne faut pas sous-estimer la force de persuasion des responsables de ces mouvements thérapeutiques ou religieux qui n'ont de scrupules que devant ce qui leur nuit. De plus, il faut beaucoup de courage et de conviction pour en sortir lorsque l'on s'y est laissé prendre.

L'histoire de Marjolaine illustre sans contredit un abus de pouvoir de la part du thérapeute. Les conséquences de cet abus et de tout ce qui l'entoure sont très destructrices pour Marjolaine: «J'ai frisé la folie, j'ai frôlé la mort ... Ma détresse fut sans bornes.» Dans ce récit, les jeux sexuels ne sont qu'une facette de l'abus de pouvoir du thérapeute. Ainsi, Simon refuse de répondre à ses questions: «Lorsque je lui ai demandé quelles avaient été ses études, il m'a répondu: je n'ai rien à prouver à personne, si tu ne me fais pas confiance, tu n'as qu'à t'en aller.» Il perçoit l'attrait de Marjolaine pour lui et l'entraîne dans toutes sortes de jeux sexuels qui assurent sa domination et son pouvoir: «Je n'arrivais plus à désirer mon mari, c'est pourquoi Simon continuait de me soigner.» Il nie toutes les inquiétudes et les intuitions de Marjolaine en lui affirmant travailler à la résolution de ses difficultés de couple. Pendant ce temps, il la propulse directement vers un divorce prenant incontestablement la place de son mari: «Il est devenu le centre de ma vie.» Quand Marjolaine devient trop curieuse et dérangeante avec ses questions, il la rejette sans égards pour les conséquences: elle tente à deux reprises de mettre fin à ses jours. Si Marjolaine s'est tirée de ce mauvais pas, ce n'est sûrement pas grâce à Simon mais bien parce qu'elle a persévéré dans sa recherche de la vérité et de la réalité. L'abus de pouvoir du thérapeute et la dépendance malsaine qui en découle sont limpides. Comme client, je suis en droit de savoir ce que le thérapeute me propose, de comprendre le traitement qu'il applique, de questionner son expertise et de me donner la sécurité nécessaire au travail thérapeutique, celui qui guérit du mal de l'âme, de la souffrance.

Elle se retrouve seule, isolée, abandonnée de son mari et de son thérapeute qui en a assez de ses questions: deux tentatives de suicide en découlent et un désespoir terrible. Et ce n'est que le début car Marjolaine sombrera ensuite dans l'alcoolisme cherchant désespérément à oublier. Sa quête de la vérité fut son premier pas vers la guérison comme elle le mentionne. Un grand besoin de comprendre ce qui s'était passé et probablement aussi, un besoin de faire du ménage dans cette enfance malheureuse avec une mère au bord du précipice, l'entraînent à continuer son enquête. L'intervention du Dr Martin est déterminante pour Marjolaine. Enfin, un adulte responsable, un professionnel, lui confirme ce qu'elle appréhende: «Il m'a dit clairement que cet homme était un malade.» Une seule intervention et pourtant si importante, si ce médecin avait choisi de se taire pour protéger Simon, cela aurait été désastreux pour Marjolaine. Il est primordial qu'un thérapeute qui reçoit une cliente qui a été abusée par un thérapeute précédent, ait l'honnêteté de le reconnaître plutôt que de protéger ce professionnel. Il en va de la santé mentale de la cliente.

Pour se sortir du cauchemar, Marjolaine s'accroche: «C'est finalement mon désir de connaître la vérité qui fut mon premier pas vers la guérison.» Cette même impulsion l'amène à participer à la recherche et à la consultation servant à la rédaction des histoires de ce livre. Tout au long de sa participation, elle oscille constamment entre ce qu'elle entend et les vérifications qu'elle fait à l'intérieur d'elle-même. Elle attendra jusqu'à la fin avant de parler. Elle est la dernière à raconter son expérience: «Maintenant, j'ai le réflexe de vérifier à l'intérieur de moi si je suis d'accord avec ce qui m'arrive.»

Isabelle et le père Gilles

Isabelle hésite à raconter son histoire. C'est une vieille histoire qui gisait dans un tiroir fermé. Elle veut s'assurer de bien refermer le tiroir avant de repartir. Femme corpulente, dans la cinquantaine, infirmière, d'allure très mature, elle ne fait pas les choses à la légère. Sa présence dans ce groupe est rassurante.

Je vais sauter à l'eau à mon tour même si j'ai peur. Pour que vous compreniez ma relation avec mon thérapeute, je dois parler de mon enfance et de ma vie. Je suis la quatorzième d'une famille de seize. Ma famille est pauvre et dans la misère! À chaque nouveau bébé, c'est la chicane, il n'y a pas d'espace, pas d'argent. Je n'ai aucune place et aucune reconnaissance dans cette énorme famille, d'autant plus que je suis une fille. Mais, malheureusement et heureusement pour moi, je suis une combative. Je fais des crises à répétition et je suis toujours punie et même battue. Les injustices pleuvent. Finalement, à vingt ans j'entre en communauté, c'est la meilleure façon de me sortir de la misère.

Je suis entière alors je me donne totalement à la communauté, cette nouvelle famille. J'étudie et je travaille sans ménagement. Tout mon salaire retourne à la communauté. Avec les religieuses, je ne manque de rien, mais je ne me sens pas à ma place. Je ne suis pas malheureuse, je ne suis pas heureuse non plus. J'ai peur. Devrais-je quitter et prendre le risque de me retrouver dans la misère? J'ai peine à prendre la décision, j'ai besoin d'aide. Une consœur religieuse me recommande très fortement d'aller rencontrer Gilles, «*C'est un excellent thérapeute*», me dit-elle. Je ne sais pas si je devrais le dire, mais Gilles est un prêtre. Je ne crois pas que cela change les données du problème car il faisait vraiment de la thérapie.

Au début de mes rencontres avec lui, je me sens hostile et sur la défensive. Jamais je n'ai connu d'homme attentif à mon égard. Je ne suis jamais sortie avec des garçons, je suis vierge dans tous les sens du terme. Je connais beaucoup plus la violence que la douceur. Je pourrais dire qu'il m'apprivoise lentement et cette thérapie devient le cœur de ma vie. Je sors de communauté et je me trouve du travail comme aide-infirmière dans un hôpital. Je parviens à payer chaque rencontre malgré mes difficultés financières et je ne manque jamais un rendez-vous.

Il m'aide beaucoup. Sur le plan affectif, je suis à zéro et je ne connais rien du plaisir de la vie; je n'ai connu que la misère. Et là je me retrouve seule devant la vie avec toutes les responsabilités: il est mon modèle et mon support. J'apprends, à travers nos rencontres, à laisser monter les émotions, les désirs et les besoins. Le credo de Gilles consiste à laisser monter en nous les émotions et à les exprimer sans détours. Tant la sexualité que la colère ou la violence ou le plaisir doivent être exprimés sans discernement ou si peu. Au cours de nos rencontres, nous ferons l'amour et nous ferons la guerre. Nous nous sommes battus très violemment, nous faisant parfois physiquement mal mais les émotions s'exprimaient. Avec lui, je découvrais l'amour et la tendresse, mais la colère et la violence étaient le pain quotidien de mon enfance. À travers cette thérapie, j'ai appris à exprimer mes émotions sans discernement. Je frise maintenant la cinquantaine et je ne crois plus que les émotions doivent nous mener par le bout du nez.

Dans cette atmosphère d'expression libre, j'ai beaucoup de besoins et je veux qu'il les comble tous. Il est d'une patience à toute épreuve. Je peux l'appeler n'importe quand. Avec lui, il y a des choses très belles et des choses très décevantes. Je m'y suis beaucoup attachée, je l'aime. Bien sûr, il y a la thérapie et en plus, suite à mes demandes, il y a une relation amoureuse. Nous suivons des cours ensemble, puis faisons des voyages. Je le suis partout. Il m'initie à la vie. Il veut rester le thérapeute et l'amoureux; il a le souci d'être aidant mais, malgré sa bonne volonté, je ne suis pas toujours son centre d'attention. Il lui est difficile dans un voyage de plaisir d'être l'amoureux, avec ses propres besoins, tout en restant le thérapeute centré sur sa cliente et maîtresse 24 heures sur 24. Lentement, un espoir est né en moi: pouvoir vivre un jour avec lui. Quelle déception m'attend!

Un jour que je suis dans son bureau pour une consultation, nous venions de faire l'amour, il sort quelques instants de la pièce pour se doucher dans la chambre de bain attenante à son bureau. Je me relève et replace les coussins. Une feuille de papier se dégage, c'est une lettre d'une autre cliente. Curieuse, je jette un coup d'œil. Le rideau tombe et l'évidence me frappe au cœur. Il entretient le même type de rapport avec elle aussi. Elle lui relate son extase lors de leurs derniers épanchements amoureux. La gifle et l'humiliation que j'ai ressenties alors sont indescriptibles.

J'avais des doutes sur ses relations avec les autres clientes mais je transformais les indices pour ne pas voir la réalité que j'avais là sous les yeux. Je ne pouvais plus m'illusionner. Lorsqu'il est revenu de la douche, il m'a confirmé la chose simplement. Il ne m'avait rien promis en terme de fidélité ou de mariage, c'était sa façon de vivre et si cela ne me convenait pas et bien tant pis! Il m'affirmait être d'abord un prêtre, un homme célibataire. Son célibat lui permettait de venir en aide à plusieurs femmes, c'est tout. Oh! bien sûr, il serait triste de me perdre puisque son amour pour moi était sincère.

Me sentant tellement trahie par celui qui était tout ou presque pour moi, je me retrouve en petits morceaux. Je coupe tout contact. C'est lui qui me relance un soir. Il vient me voir chez moi pour me parler, il veut poursuivre la relation, je lui dis de partir que je ne veux plus le voir; il ne veut pas, c'est moi qui dois quitter mon propre logis pour lui signifier que je ne joue pas. Je comprends alors que c'est lui qui avait besoin de moi; je répondais bien plus à ses besoins qu'aux miens. Dans ma démarche thérapeutique, je n'avançais plus depuis un bon moment, je tournais en rond, mais mon attachement affectif me faisait poursuivre la relation. En comprenant qu'il entretenait des rapports intimes et sexuels avec plusieurs autres clientes, je n'attends plus rien de la relation et il m'apparaît clairement que nous n'avons pas du tout la même philosophie de vie, les mêmes valeurs. Comment ai-je pu être aveugle si longtemps?

Pendant quatre années, je l'ai vu tantôt comme thérapeute-amant et j'ai payé pour les sessions et tantôt comme amoureux dans des voyages d'agrément et des sorties de toutes sortes. Durant de grandes périodes, j'allais en thérapie deux fois par semaine! Il est vrai que j'y allais surtout pour les caresses. Autant vous dire que c'est plus facile d'avoir un amant-aidant qu'un thérapeute-amant. Cela fait maintenant vingt ans que c'est terminé, je vis avec un compagnon compréhensif et aidant, je vois la différence, on est égal. Gilles, je l'ai adulé: il était le père, l'amant, le thérapeute, l'homme de ma vie.

Jusqu'à la rencontre de ce soir avec le groupe, j'ai pensé que j'étais la seule coupable dans ma relation avec lui, j'étais la fautive. Il ne m'a rien demandé, c'est moi qui me suis offerte à lui; il ne m'a pas rejetée: «il aurait continué toute la vie» qu'il m'a dit, c'est moi qui l'ai quitté et qui ai mis fin à la relation. Aujourd'hui après avoir entendu vos histoires, après cette longue réflexion, il me semble qu'une bonne part du gâchis lui revient. J'ai toujours senti que notre relation était fausse. C'est soulageant de remettre les morceaux à leur place. J'aimerais lui dire qu'il avait mêlé pas mal de choses, ce cher Gilles, on excuse tellement les thérapeutes!

Observations:

Même après vingt ans, Isabelle se rappelle très clairement tous les détails de cette relation ambiguë qu'elle a vécue avec le père Gilles: «C'est une vieille histoire qui gisait dans un tiroir fermé.» Une des caractéristiques d'un événement traumatique est de laisser des traces qui souvent perdurent à travers le temps. Voilà pourquoi, même après si longtemps, Isabelle est attirée par l'annonce de cette recherche sur les séquelles de l'intimité sexuelle en psychothérapie. Elle supporte depuis si longtemps une culpabilité sans nom et sans recours que la tentation est grande de venir y voir plus clair. À travers le récit des autres victimes et les clarifications théoriques des deux animatrices, Isabelle entrevoit le passé différemment. Ce nouveau regard a pour effet d'apaiser les remords qui l'habitaient depuis des années.

Dans cette histoire, le thérapeute engendre rapidement chez la cliente, l'illusion qu'il sera tout pour elle: «Je peux l'appeler n'importe quand. (...) Il veut rester le thérapeute et l'amoureux.» Il est toujours disponible pour elle. Gilles n'a aucun souci des frontières à respecter dans une relation thérapeutique. Il est prêtre et célibataire et il ne voit pas pour quelles raisons il se limiterait dans sa quête de pouvoir et de plaisir. Le père Gilles semblait se sentir un être tout-puissant et sans limites. Il est certain qu'il ne comprend pas l'importance des frontières dans une relation thérapeutique ou autre. Toute relation a des limites à respecter. Par exemple, être parent ne donne pas le droit d'ouvrir le courrier de ses enfants ou être l'époux / se donne pas le droit de lire le journal intime de son conjoint / e et ainsi de suite. Être thérapeute n'autorise pas à imposer sa façon de vivre à ses clients et clientes et à s'immiscer dans leur vie.

Gilles ne respecte aucune limite, ni le temps des entrevues, ni leur fréquence, ni l'espace, ni le type de relation, ni l'agir des émotions: «Tant la sexualité que la colère ou la violence ou le plaisir doivent être agis sans discernement.» Il va jusqu'à se battre physiquement avec la cliente.

Isabelle s'attache avec tout son amour à cet homme. Elle projette sur lui ce qu'elle souhaite et ne voit plus les différences qui existent dans leur croyances respectives. C'est cet aveuglement plus ou moins conscient qui lui permet de poursuivre la relation. Elle se doute qu'il entretient des relations sexuelles avec d'autres clientes mais ne veut pas y croire. Tôt ou tard elle devra faire face à la réalité de leur divergence: «Le rideau tombe et l'évidence me frappe au cœur. Il entretient le même type de rapport avec elle (une autre cliente) aussi.» Ce brusque réveil est dramatique, l'homme avec qui Isabelle espérait secrètement passer le reste de ses jours n'est pas celui qu'elle croyait, espérait. Il préfère le célibat et la multiplicité des relations amoureuses. Elle réussit à le quitter et à affirmer ses propres besoins, sa propre façon de voir la relation à deux. Isabelle est une femme de caractère et elle est très déterminée. Grâce à ses qualités, elle maintient sa décision même quand Gilles la relance dans son appartement: «Il vient un soir pour qu'on se parle, il veut poursuivre la relation, je lui dis de partir que je ne veux plus le voir; il ne veut pas, c'est moi qui dois quitter mon propre logis pour lui signifier que je ne joue pas.» Elle comprend que cette relation n'était pas centrée sur elle mais sur lui, c'est ce qui la sauve: «Je comprends alors que c'est lui qui a besoin de moi; je réponds bien plus à ses besoins qu'aux miens.»

L'histoire d'Isabelle illustre un résultat intéressant de la recherche de Valiquette (1989). Le fait de couper la relation avec Gilles et d'affirmer ses désirs, même si cela la plonge dans le désespoir et la détresse, facilite la guérison de cette blessure. En effet, les résultats de la recherche démontrent que la cliente qui coupe définitivement avec le thérapeute s'adapte mieux dans sa vie que la cliente qui maintient un lien avec ce dernier. Cette cliente subit donc moins de séquelles liées à cet événement perturbateur.

Sophie, François et Marcel

Étant psychologue elle-même, Sophie n'a pas voulu participer au groupe avec les autres victimes. Elle voulait protéger sa réputation. Cependant, comme elle tenait à parler et à raconter son histoire, nous l'avons rencontrée individuellement. Lorsqu'elle a été sollicitée pour participer au livre, elle a accepté afin d'aider d'autres femmes à reconnaître le tort qui a pu leur être fait. Alors que son histoire nous la présente entreprenante et quelque peu agressive, c'est en femme posée et très intériorisée qu'elle s'est adressée à nous. Sa présence reflétait le travail accompli pour s'en sortir.

Au moment de vous raconter mon histoire, je me sens toute drôle car j'ai peur de votre jugement. Et pour cause! Je ne me suis pas contentée de coucher avec mon premier thérapeute... j'ai recommencé avec un deuxième! Et les deux fois, j'ai l'impression d'avoir fait tout ce qu'il faut pour qu'ils tombent dans mon lit, j'ai sorti tous mes charmes et toutes mes habiletés de séduction, ce qui n'est pas peu dire. Jusqu'à tout dernièrement, je me suis jugée très sévèrement d'avoir agi ainsi. À l'époque, je me disais: «Tu as eu ce que tu voulais, tant pis pour toi si tu n'es pas contente, tes thérapeutes ont simplement répondu à ta demande.» Aujourd'hui je dis qu'en les séduisant et en prenant les devants, je me suis protégée de peur de ressentir une plus grande souffrance et qu'en tant que thérapeutes, ils auraient dû comprendre et décoder mes agissements.

La première fois... j'ai 21 ans, je suis mariée, relativement heureuse et sans problèmes évidents. Je suis étudiante en psychologie et dans peu de temps je serai thérapeute. Je veux savoir comment se sentent les clients de l'autre côté de la clôture. Je pense que je ferai une meilleure thérapeute si je sais de quoi je parle. Je décide donc très spontanément d'aller en thérapie.

Sans ressentir de gros blocages, j'ai bien quelques petites peurs de femmes: les araignées, le noir, la cave, etc., sans compter quelques histoires de mon enfance qui ne sont peut-être pas complètement résolues et que je crois reliées à mes peurs. C'est ce que je raconte à François, mon psychologue. Je le vois en entrevue durant quelques mois seulement au départ, car je dois partir à l'étranger pour une période d'un an. Durant cette année-là, je lui écris, il me manque, il me répond. Je crois que jusque-là, tout se passe dans l'ordre des choses.

À mon retour, nous reprenons les sessions de thérapie. Je m'attache de plus en plus à lui. Mon mari travaille beaucoup et mes études accaparent tout mon temps. La distance s'installe dans notre couple. Je me sens insatisfaite et j'ai envie d'expériences sexuelles autres qu'avec mon mari; à l'époque, je n'avais encore jamais connu d'autres hommes. Mon thérapeute m'encourage à vivre de nouvelles expériences; il vit lui-même des difficultés de couple et souhaite la même chose. Dans nos rencontres, il y a toujours des petits moments d'échanges affectueux qui subtilement se transforment en baisers et en caresses érotiques. Puis l'évidence est là, pourquoi ne pas se satisfaire mutuellement et avoir une vraie relation sexuelle plutôt que ces caresses de plus en plus frustrantes et limitées sur le seuil de la porte, lui suggérai-je! François attendait impatiemment cette proposition qui le déchargeait de toute culpabilité et il s'est empressé d'acquiescer. Nous prenons donc rendez-vous chez moi un midi, il sera ma première infraction à la fidélité conjugale.

Il est 11 heures 45, j'attends François. Je suis toute tremblante, inquiète, énervée, et j'ai presqu'envie de m'enfuir très loin. Il sonne. La porte est à peine entrouverte que nous nous enlaçons et tombons dans le lit qui est presqu'au centre de la pièce car je vis avec mon mari dans un tout petit logement d'étudiant. Nous faisons donc l'amour dans mon lit conjugal. J'ai la sensation d'être deux Sophie... mon corps répond merveilleusement à toutes les caresses et jouit sans difficulté alors qu'une autre petite Sophie, à l'intérieur de moi, est terrorisée, fermée et enragée. Je l'entends soupirer de satisfaction, j'ai l'impression d'avoir un enfant dans mon lit. Je ne veux pas entendre cela, je le méprise tout à coup et je n'ai qu'une idée en tête: je veux qu'il parte! Je termine la rencontre sans que rien ne paraisse à l'extérieur. Lorsque la porte se referme sur lui, je sais que ma thérapie vient de se terminer. Je lui en veux beaucoup mais je ne comprends pas pourquoi, parce que dans le fond, c'est à moi que j'en veux. Je coupe complètement les ponts et ne le reverrai ni en ami, ni comme thérapeute.

Adieu thérapie, adieu support et vogue la galère. Durant les deux années suivantes, c'est la débauche. Je couche avec tous les hommes dont j'ai envie. Je me sens un peu putain et en même temps, c'est plus fort que moi, un peu comme une compulsion, je n'ai aucune retenue. Mon mari finit par le savoir; c'est le drame et quelques mois plus tard, la séparation.

Quelques années s'écoulent, tout semble aller sur des roulettes. Je réussis tout ce que j'entreprends, du moins aux yeux des autres. Sauf que mes peurs et mes angoisses continuent de me torturer. La nuit leur donne presqu'immanquablement rendez-vous. J'en ai marre. Je retourne voir un deuxième thérapeute. Les tarifs de Marcel sont plus élevés que la moyenne car il a une grande réputation dans le milieu. Je ne lésine pas, je veux ce qu'il y a de mieux. Au bout de six mois de rencontres avec lui, la thérapie semble tirer à sa fin. Une idée folle et irrationnelle germe au plus profond de moi et je la lui dis: «J'ai le goût de jouer à la petite fille et que tu sois le papa. Tu vas m'initier à être une femme». Deux semaines plus tard, il m'a donné rendez-vous dans un motel de la rive sud pour baiser. Cette fois, je n'ai rien senti... pour le plaisir, on repassera papa.

Je suis horrifiée maintenant quand je pense qu'un thérapeute chevronné ait pu acquiescer à une telle demande. C'est absolument incroyable! À huit ans, j'ai été abusée sexuellement par le mari de la bonne qui me faisait croire que l'on jouait au papa et à la maman. Mon thérapeute avait cette information. Comment a-t-il pu n'y voir que du feu et ne faire aucun lien avec le scénario de mon enfance? Il fallait qu'il ne soit centré que sur ses propres désirs car, s'il avait levé les yeux seulement une seconde pour vraiment me regarder, il aurait vite compris que tout cela n'avait aucun sens. Je lui ai fourni l'occasion rêvée de s'occuper de ses besoins sans aucun effort de sa part. Il a sûrement oublié momentanément que j'étais une cliente vulnérable avec un passé qui en disait long sur le choc du sexe et sur l'initiation.

C'est fascinant de voir que trente ans plus tard, j'ai repris les mots de l'agresseur de mon enfance à mon propre compte. À cette époque, l'idée avait surgi comme si elle était venue de nulle part alors qu'elle venait du fond de mon inconscient. Je me souviens de ma fébrilité et de mes pulsions sexuelles lorsque je parlais à Marcel de ma fantaisie. Je me souviens aussi que toute l'excitation ou presque est disparue à partir du moment où il a répondu oui. Et le jour de la rencontre, je ne m'habitais plus. J'étais au rendez-vous mais une importante partie de moi était absente.

Vingt ans après le début de ma première thérapie avec François, je retourne consulter. Ma fille aînée allait avoir huit ans, l'âge auquel j'ai été abusée. C'est ce qui a fait resurgir toute l'angoisse reliée à ce traumatisme de mon enfance. Depuis mon histoire avec Marcel, j'avais soigneusement refermé tout ce volet de ma vie, je me tenais loin des hommes. Je vivais en célibataire monoparentale et, comme psychologue, je n'acceptais pas de prendre des hommes en thérapie.

Il m'a fallu trois autres années de thérapie avec une femme thérapeute pour réaliser les dégâts causés par ces deux thérapeutes antérieurs. Aujourd'hui je sais ce que cela m'a coûté de temps, d'argent, d'énergie et de souffrance. Le soulagement vécu lors de ma dernière thérapie, j'aurais pu y avoir accès bien avant. Si François la première fois et Marcel la deuxième fois, étaient demeurés à leur place de thérapeutes, j'aurais pu alors affronter la souffrance de ce viol que j'avais subi si impuissante à l'âge de huit ans.

Observations:

Sophie, avec ses deux expériences, suscite de nouvelles questions. Est-ce fréquent qu'une cliente fasse l'amour avec plus d'un thérapeute? Une récente recherche, Valiquette (1989), nous donne un indice de la réalité. Sur 51 clientes qui ont participé à la recherche, cinq d'entre elles ont vécu plus d'une expérience. Ces chiffres permettent de supposer qu'il y a environ 10% des victimes qui sont abusées plus d'une fois. Si ça leur est déjà arrivé, comment se fait-il qu'elles répètent l'expérience? Une personne avertie en vaut deux, selon la logique courante. Sauf que, dans la situation de la cliente, ce type d'arguments ne tient absolument pas. Les clientes qui ont une relation sexuelle avec leur thérapeute n'ont pas conscience qu'elles revivent une façon d'être en relation qui confirme leur impuissance. La plupart du temps, elles auront plutôt l'impression de souffrir surtout à cause de la rupture et de l'abandon qui suit la relation sexuelle.

Dans le cas de Sophie, par exemple, elle se sent coupable et responsable de ce qui est arrivé. Il ne lui vient pas à l'idée que François et Marcel auraient dû agir autrement. François a des problèmes de couple qu'il partage avec Sophie. Il désire des relations extra-maritales. Sophie lui offrira sur un plateau d'argent ce qu'il désire. C'est un bel exemple de ce que nous appelons l'inversion des rôles. Ce sont les besoins du thérapeute qui deviennent le centre du traitement. Sophie peut aller se rhabiller, personne ne s'occupe d'elle dans cette thérapie. On peut supposer que Sophie a appris depuis longtemps à s'occuper des besoins des autres lorsqu'elle souffre. Un bon thérapeute lui aurait donné la main pour l'aider à découvrir ses propres besoins qu'elle a toujours tendance à oublier. L'attitude de François ne fait que renforcer un moyen de défense qui nuit déjà à Sophie, celui de s'occuper des autres pour éviter de ressentir son vide et ses besoins réels.

Et Sophie répète la même chose avec Marcel. Au moment de la séparation, c'est-à-dire à la fin de la thérapie, un thérapeute compétent sait que le client a de fortes chances d'être angoissé. Dans notre jargon, il est reconnu que la séparation est le paradigme des grandes angoisses humaines. Donc, Sophie se retrouve à la fin de la thérapie, angoissée à l'idée de quitter ce thérapeute avec lequel elle semble avoir bien travaillé. Pour éviter de ressentir cette angoisse, elle reprend son moyen de défense, elle offre à Marcel quelque chose qu'il désire probablement. Les gens brillants ont souvent des moyens de défense séduisants. C'est classique. Tant qu'elle ne rencontrera pas un thérapeute capable de décoder sa peur et ses besoins, tant qu'elle ne rencontrera pas un thérapeute capable de tenir ses propres besoins en dehors de la thérapie, elle répètera son scénario ou encore, elle sera condamnée à l'isolement. Elle pensera que personne ne peut l'aider: «Adieu thérapie, adieu support, et vogue la galère.»

Nous voyons donc ici comment le scénario de la cliente risque de se répéter tant qu'elle ne trouvera pas un thérapeute capable de l'aider véritablement. Sophie nous avait donné peu d'indices sur la mise en scène de ses thérapeutes, nous lui avons demandé d'en parler davantage. Voici ce que nous en avons retenu.

«Quand je repense à François et à Marcel, mon sentiment intérieur est tout à fait différent, même si en principe et en pratique, ils m'ont causé le même tort. Avec François, c'est tout le mépris que j'ai pour lui qui demeure une souffrance. Avec Marcel, c'est l'opposé. J'ai de l'estime pour lui et j'ai encore peur qu'il me rejette si j'en viens à lui dire qu'il a mal agi avec moi.

«Pour François, ma colère n'arrive pas à s'atténuer. Ma colère et mon mépris. Pendant que j'étais engagée dans ma dernière thérapie, celle qui m'a guérie, j'ai réalisé que François avait abusé de moi. J'ai décidé d'aller le rencontrer. Je tenais à lui dire le tort qu'il m'avait fait. Durant tout l'entretien, il a réussi à se poser en victime et à m'accuser de l'avoir planté là après l'avoir séduit. Je suis sortie de l'entrevue enragée noire en réalisant qu'il avait encore réussi à me rendre coupable et à prendre ma place. C'est à partir de ce moment-là que je l'ai vraiment détesté. J'ai réalisé jusqu'à quel point il était inconscient et dangereux.

«Je sais qu'il arrive que le client impose au thérapeute le même traitement qu'on lui a fait lorsqu'il était petit. François, cet être faible, s'est retrouvé l'enfant dans la thérapie. En colère, inconsciemment, je me suis retrouvée dans le rôle de l'agresseur rejouant ainsi à l'inverse le drame de mon enfance. Quand je repense à lui, il me dégoûte, c'est physique.

«Avec Marcel, les choses étaient différentes. C'est un homme que j'estime et qui m'estime. Durant toute ma thérapie avec lui, il avait été très correct et respectueux, pourtant, il lui aurait été facile de faire des gestes déplacés puisqu'il s'agissait d'une thérapie corporelle. Je savais qu'il aimait les femmes, il n'était pas hypocrite. Ma demande l'a flatté, il me l'a dit, et il est tombé dans le panneau. Je lui en veux d'avoir répondu à ma proposition, mais je ne peux le haïr.»

Ces nouvelles informations laissent croire que, tandis que François inversait vraiment les rôles en thérapie, Marcel a dû perdre pied. Puisqu'il s'agissait d'une thérapie corporelle, que Marcel semblait estimer Sophie, que de plus c'était un homme qui aimait les femmes, il est facile de supposer qu'il avait travaillé fort et avec vigilance tout au long de la thérapie. À la fin de la thérapie, il a probablement baissé la garde. Voilà deux scénarios fort différents ayant en commun la priorité des besoins du thérapeute sur ceux de la cliente.

Sophie revit avec ses deux thérapeutes la répétition d'un traumatisme de l'enfance: «À huit ans, j'ai été abusée sexuellement par le mari de la bonne qui me laissait croire que l'on jouait au papa et à la maman.» Les séquelles seront graves et pourtant camouflées durant vingt longues années. «Aujourd'hui je sais ce que cela m'a coûté de temps, d'argent, d'énergie et de souffrance. Le soulagement vécu lors de ma dernière thérapie, j'aurais pu y avoir accès bien avant. Si François la première fois et Marcel la deuxième fois, étaient demeurés à leur place de thérapeutes, j'aurais pu alors affronter la souffrance de ce viol que j'avais subi si impuissante à l'âge de huit ans.» Les comportements sexuels excessifs et compulsifs de Sophie ne furent pas identifiés comme un symptôme de sa problématique à l'époque. Il semblait plutôt que Sophie était une jeune femme attirante et irrésistible. Nul ne voyait sa détresse derrière ses allures de conquérante. Il n'est pas étonnant que ses peurs allaient en augmentant: «Sauf que mes peurs et mes angoisses continuent à me torturer. La nuit leur donne presqu'immanquablement rendez-vous.» Il fallait bien que sa souffrance s'exprime quelque part si elle ne voulait pas devenir folle. Durant toutes ses années de souffrance, Sophie donnait le change et continuait de réussir à divers niveaux alors que sa santé mentale était menacée. De plus, vivant loin des hommes comme elle dit, elle se retrouve confinée à une solitude affective qui s'étend sur plusieurs années. Son histoire illustre bien ce que nous appelons les séquelles à long terme.

Pour s'adapter à son traumatisme dans un premier temps, après l'échec avec François, Sophie ferme la porte à la relation d'aide et se lance dans le sexe et le travail. Elle utilise à fond de train un moyen de défense qui lui permet de ne pas sentir son isolement et son désespoir. N'en pouvant plus, «J'en ai marre», elle retourne consulter dans une autre tentative pour en sortir. Il s'agira de sa relation avec Marcel.

Après cette seconde mauvaise expérience, Sophie tente d'oublier et de vivre en se passant des hommes. «Depuis mon histoire avec Marcel, j'avais soigneusement refermé ce tiroir de ma vie, je me tenais loin des hommes.» C'est ainsi qu'elle essaie de maintenir un équilibre acceptable quoique précaire. Chacun de nous peut vivre ainsi des années avec des problèmes camouflés qui ne semblent pas trop encombrants. Avec nos stratégies d'adaptation, il est possible de se débrouiller. Puis, sans avis, un événement de la vie fait resurgir nos souffrances. Ainsi, pour Sophie, son équilibre est menacé à l'approche des huit ans de sa fille aînée. Elle doit tenter autre chose pour ne pas sombrer. Elle retourne en thérapie. Cette fois, c'est une réussite. Les souffrances du viol de ses huit ans peuvent enfin faire surface et être exprimées, l'abus et l'incompétence des thérapeutes sont dénoncés. À travers cette expérience positive avec une thérapeute fiable et responsable, Sophie cesse de vivre dans la peur et réapprend avec prudence à faire confiance.

Adrienne et Alexandre

Il n'y a pas une journée qui s'achève sans que je repense à notre rencontre. Je tiens à vous remercier de m'avoir écoutée et comprise. Comme vous m'en avez donné la possibilité, j'ai décidé d'écrire cette expérience et de vous l'envoyer afin d'être lue. Si cette histoire peut servir à éclairer d'autres femmes, je vous autorise à la publier dans votre livre en y changeant, bien sûr, le nom des deux personnes pour préserver leur anonymat.

Il y a des jours où c'est si difficile que je me demande où je m'en vais. J'aurais tant besoin de me faire prendre dans ses bras, de me faire serrer même sans rien dire. Je sens encore sa chaleur, son odeur, sa bouche... je n'ai jamais ressenti des émotions si fortes des pieds à la tête. Pourquoi ai-je tant de misère à tourner la page? J'aimerais tant me libérer l'esprit, la tête et tout le corps de son empreinte. J'ai besoin de quelqu'un pour partager ces pensées les plus intimes qui habitent mon cœur et me troublent tellement. Je veux comprendre ce qui s'est passé, ce qui a bien pu m'arriver et trouver des moyens de m'en sortir. J'ai besoin d'aide pour sortir de cette impasse car si cela continue, je vais y laisser ma peau. Je veux savoir pourquoi je reste accrochée à cette aventure si compliquée.

Voilà ce qui m'est arrivé le 11 septembre 1987: j'ai rendez-vous avec un acupuncteur. Il s'appelle Alexandre et me reçoit avec chaleur et compréhension. Je crois avoir enfin trouvé un médecin qui m'aidera. Mais, c'est le contraire. Il me dit: «Si vous voulez me suivre jusqu'au bout, je vais vous soigner.» Et je réponds oui, pleine d'espoir d'avoir enfin trouvé la solution à mes difficultés. Assise sur une chaise, le dos collé au mur avec d'un côté son bureau et de l'autre la table d'acupuncture, j'attends. Il s'asseoit devant de moi à une distance d'environ deux pieds. Même si j'avais voulu me reculer ou déplacer ma chaise, je ne pouvais pas et quand j'y repense, je me sens séquestrée. À un moment donné, il m'enlève mes lunettes car, dit-il, je ressemble à une sœur et il les dépose sur son bureau. Il continue de m'écouter et de me questionner. Ensuite je me déshabille et il me donne un traitement tout en me parlant de façon très chaleureuse. Je ne me doute de rien; je suis tellement bien là, avec une cassette de relaxation. Il ferme les rideaux et quitte la pièce pour environ 10 minutes. Puis, il installe les aiguilles et revient au bout de 10 autres minutes. Cela me détend beaucoup et je crois avoir trouvé la solution à mon stress. Il m'enlève les aiguilles et me parle avec beaucoup de douceur. Avec du recul, je pense qu'il me magnétisait. Par la suite, j'y suis retournée à chaque semaine pour un traitement.

Le 6 novembre, je reçois un dixième traitement. Il m'annonce qu'il va à Hull le 9, jour de ma fête, je lui demande si je peux venir avec lui afin de visiter une amie. Durant le trajet, on jase de tout et de rien. Il me raconte que lors de ses études, il a fait l'amour 3 ou 4 fois par jour avec une amie. Il ajoute que si l'on faisait l'amour ensemble, il n'y aurait rien là! Je n'ai pas continué sur ce sujet et nous avons parlé d'autre chose, quelle naïveté!

Quelques semaines plus tard, à la fin d'un traitement, il me dit qu'il sera absent pour trois semaines. Je m'habille et lui se tient le dos au mur près de la porte du bureau. Quand je viens pour sortir, il me prend le bras, m'approche vers lui et m'embrasse les cheveux. Je prends aussitôt la porte et je me sauve tout en ressentant un courant électrique dans tout mon corps.

Je ne savais pas du tout ce qui m'arrivait. Je suis retournée en consultation trois semaines plus tard. Son accueil fut très chaleureux. Enfin j'ai trouvé un frère, moi qui n'ai eu que des sœurs. Je suis tellement heureuse. Durant ce traitement, il est d'une douceur et d'une gentillesse incroyables. Lorsque je suis prête à partir, il me demande s'il m'a souhaité Bonne Année. Même si je lui réponds par l'affirmative, il me prend dans ses bras avec beaucoup de tendresse. Puis, il me regarde et m'embrasse comme jamais je n'ai été embrassée de ma vie. Je vole, je rêve, je suis dans un état merveilleux. Le retour chez moi s'effectue presqu'à mon insu tellement je suis dans les vapeurs. Tout bascule dans ma tête: la femme fidèle que j'ai été, la mère idéale. Je suis en train de tromper mon mari, ma famille et moi-même et je frissonne de joie. Qui suis-je? Mais il y a tant d'amour pur et d'émotions dans ce que je viens de vivre que je suis au comble de l'euphorie. Je chante, j'écoute de la musique, ma vie est belle.

Je suis en train de vivre un roman d'amour. Au rendez-vous suivant, quel accueil! Il fait le traitement et quand les aiguilles sont enlevées, il me prend dans ses bras. Je suis seulement en sous-vêtement, assise sur la table d'acupuncture. Il se place entre mes jambes pour mieux me serrer près de lui. Il m'embrasse très fort pendant un long moment. Je suis molle comme une guenille pendant qu'il se masturbe sur moi tranquillement. Il reste habillé. Ce sont ses baisers et sa tendresse que j'aime.

J'y suis retournée chaque semaine et à chaque fois, le même scénario s'est répété. Puis le 12 mars, il me couche sur la table, baisse son pantalon et me pénètre; une jouissance que je n'ai jamais connue auparavant coule en moi comme une fontaine. Tout à coup, ma conscience m'arrête, je m'habille et je l'avertis que je ne reviendrai plus jamais.

Quatre jours plus tard, alors que j'assiste à une conférence sur l'amour, il est là avec sa femme. Très mal à l'aise, je reste froide et ne le regarde pas. Alors que je m'apprête à partir, il surgit près de moi; je le regarde méchamment et lui dis un bonjour très sec. Le lendemain, je regrette mon attitude et me rends à la clinique. Il est très surpris de m'y voir. J'ai peur de ce qu'il doit penser de moi. Tout simplement, je lui dis que je ne suis pas de nature à rester fâchée contre les gens. Il me prend dans ses bras tout doucement, me garde ainsi au moins cinq minutes puis il m'invite à reprendre rendez-vous le jeudi suivant. Lorsque je me présente à son bureau, il m'embrasse passionnément puis me déshabille et il me fait l'amour comme jamais je ne l'ai vécu encore. Une si grande jouissance nous enveloppe que j'en perds le souffle. On dirait un vrai roman! Et pourtant cette expérience est bien réelle mais quelle triste fin m'attend.

Les rencontres continuent pendant quelques mois. En mai, je n'en peux plus de me sentir si hypocrite avec mon mari et je décide de clore cette histoire. Je me rends à mon dernier rendez-vous. Il est extraordinaire comme à l'habitude. Il me serre dans ses bras, m'embrasse passionnément puis m'installe pour mon traitement. Après, alors qu'il me berce tout doucement dans son grand fauteuil comme si j'étais une petite fille, je me décide. Je lui dis tout doucement que je ne reviendrai plus car je suis guérie. Il me répond: «Merci Seigneur, Alleluia.» «Est-ce qu'on se reverra?», lui dis-je. Il me répond: «Bien sûr», et me serre très fort dans ses bras. Je pars. Par la suite, aucune nouvelle de lui, je m'ennuie à mourir. Pour me distraire, je décide de travailler à temps partiel. Je sais que je fuis et que je tente de m'étourdir. Travailler me fait tout de même du bien et après quelques temps, je me sens mieux et je pense moins à Alexandre.

Un mois et demi après, alors que je quitte mon travail, j'arrive face à face avec lui. Il est heureux de me voir, je le prends par le bras et il m'accompagne jusqu'à ma voiture. On parle, c'est l'été et je me sens bien. Il me dit: «J'ai envie de vous.» Il veut me faire l'amour, j'hésite puis nous prenons rendez-vous pour le mardi suivant, même heure, même place. Je me suis faite toute belle pour cette rencontre; il arrive mais il ne s'est pas préoccupé de sa tenue, j'en suis déçue. Après une longue randonnée, je l'emmène dans un jardin secret de mon enfance où coule un petit ruisseau. Le site l'enchante, il me déshabille et l'on fait l'amour alors qu'une petite pluie fine tombe sur nous. C'est merveilleux, pour la première fois de ma vie, je fais l'amour sous la pluie. Pourtant, en revenant vers la voiture, je me sens mal, il ne dit rien, le charme est rompu. Il est pressé et prétexte la fatigue et son départ pour l'Amérique du Sud pour me quitter précipitamment.

Après son retour de voyage, il est venu me voir deux fois à mon travail puis le silence. Je ne pourrai jamais oublier. L'automne est là et je me sens seule et désespérée. Ni mes enfants ni mon mari ne comprennent ce qui m'arrive. Je n'ai plus le cœur à rire, je veux dormir, toujours dormir seule avec mon secret. Ce qui me console et m'apaise un peu maintenant, c'est qu'enfin quelqu'un sait et partage ce secret. Je vous remercie beaucoup de votre attention. Je ne souhaite à personne de vivre un tel cauchemar. La fin ne se dessine pas. Et celui qui devait me venir en aide m'a plongée dans un désespoir sans nom, secret, qui me semble sans remède.

Observations:

Adrienne est une femme de cinquante ans, mariée, dont les enfants sont maintenant de jeunes adultes. Elle se retrouve seule à la maison, les enfants partis et son mari encore au travail. Elle vit du stress et de l'angoisse et ne sait comment régler ses difficultés. Elle croit probablement qu'une solution pourrait venir de l'extérieur et tente par la médecine douce, l'acupuncture, de pallier à ses difficultés. Confiante de nature et sans raisons de se méfier, elle s'en remet à ce professionnel qui promet de la guérir.

Il est tentant de voir dans Alexandre, ce gourou sûr de lui, qui guérit tout et surtout s'organise pour y prendre son plaisir. Par une toute petite phrase: «Si vous voulez me suivre jusqu'au bout, je vais vous soigner», il crée un grand espoir chez Adrienne et ainsi s'approprie complètement le traitement et gagne la confiance aveugle d'Adrienne. Déjà il outrepasse son pouvoir de thérapeute en faisant croire qu'il est certain de guérir les maux de la cliente alors qu'il ne peut avoir de certitude. Il est souvent dans la nature du gourou de

faire un lavage de cerveau ou de tenter d'hypnotiser ses victimes:
«Avec du recul, je pense qu'il me magnétisait.»

Toutes les femmes n'achèteraient pas aussi facilement que cela
les paroles d'un professionnel mais Adrienne est vulnérable, elle a
besoin de quelqu'un qui la prenne en main et la dirige. De plus, elle
souhaite probablement très fort que quelqu'un la soulage de ses maux
et lui facilite le chemin de la vie. Elle est de nature confiante et croit
que les professionnels sont des personnes fiables qui ne peuvent lui
vouloir du mal. Sans doute a-t-elle partiellement raison car habituellement les professionnels sont des personnes fiables et il est possible
qu'Alexandre ne veuille pas consciemment lui faire du mal. Il est centré sur ses croyances personnelles, ses besoins, ses désirs et il est peu
soucieux de vérifier les conséquences de ses actes sur la cliente. Si
quelqu'un l'interrogeait, il est fort probable qu'il nierait toute responsabilité et jurerait que toutes ses actions étaient dictées par son désir
d'aider Adrienne dans son manque d'amour.

Ce thérapeute confond des notions très importantes en thérapie.
La cliente qui s'attache à lui durant un processus de traitement, s'attache à la partie soignante qu'il montre et dont il se sert pour lui venir
en aide. L'affection de la cliente ne doit en aucun cas être prise
comme une appréciation de sa personne dans son ensemble. Elle ne
connaît le thérapeute que dans une portion de ce qu'il est, soit le thérapeute dans ses responsabilités professionnelles et dans l'univers de
son travail et c'est cette partie qu'elle apprécie. Toutes les autres perceptions de la cliente sont imprégnées de cette expérience. Dans cette
optique, le professionnel possède des habilités et des pouvoirs qui ne
lui appartiennent pas en propre mais sont tributaires de son travail, de
son expertise et de son prestige.

Alexandre confond sûrement les appréciations d'Adrienne qu'il
prend à son compte. Il ne distingue pas l'expertise que toutes ses
années d'études lui ont donnée, de ses illusions de toute-puissance.
Plutôt que de comprendre l'état de besoin et de dépendance
d'Adrienne et de s'assurer de maintenir la distance nécessaire pour
que celle-ci puisse toujours choisir en fonction de ses besoins réels,
il l'exploite selon ses propres besoins sexuels. Il tire profit du besoin
d'attention, d'affection et de rapprochement non érotique d'Adrienne.
À l'image du gourou, Alexandre ne respecte aucune frontière; tout lui
est permis. Il est celui qui sait, celui qui guérit, celui qui décide. Il est
aisé de remarquer qu'Alexandre prend toutes les initiatives. Ainsi, il

enlève les lunettes d'Adrienne prétextant qu'elle a l'air d'une sœur. Déjà, à cette première entrevue, il s'infiltre dans son espace personnel en lui enlevant ses lunettes sans avertissement, sans permission et pour son simple plaisir et sans doute pour affirmer son contrôle sur elle. Tout au long de l'histoire d'Adrienne, ces comportements d'emprise qui ne respectent en rien les limites de l'autre seront au rendez-vous. Ainsi, il se couche sur la cliente pour tranquillement s'y masturber et une autre fois, il baisse son pantalon pour tout simplement la pénétrer. Il ne semble jamais lui venir à l'esprit que cette cliente existe dans son propre univers avec ses limites personnelles et ses contraintes et que de telles attitudes ont des conséquences pour cette femme et pour toute sa famille. Il n'y a pas de limites à son audace et c'est ainsi que, la rencontrant par hasard, peut-être, à sa sortie de travail, il lui glisse à l'oreille: «J'ai envie de vous.»

Il va de soi que pour Adrienne le besoin érotique va se développer car elle découvre à travers cette relation sexuelle des sensations et une sensualité qu'elle ne vivait pas avec son mari. Toutes ces découvertes la perturbent d'autant plus qu'elle ne sait qu'en faire et ne peut ni les vivre ni échanger là-dessus avec son mari. Elle se sent coincée. Dans la mise en scène du gourou, il y a peu de place pour les besoins réels de la cliente. Alexandre prend l'initiative et impose de ce fait sa façon d'être en relation, ses valeurs et ses principes. Aucune place n'est prévue pour les désirs ou les besoins d'Adrienne. Et pourtant elle ne s'est jamais si bien sentie, entourée, prise. Il est vrai qu'elle est prise et entourée et ce sans avoir eu l'opportunité de voir venir la situation, de choisir. Jamais Adrienne n'avait pensé à avoir un amant, elle n'en sentait ni le besoin, ni le désir.

Mais le gourou est aveuglé par sa propre personne, il n'a pas d'espace pour la différence de l'autre. Ainsi lorsqu'Adrienne tente de mettre fin à la relation parce qu'elle ne peut plus vivre avec toute la culpabilité et l'inconfort au sein de sa famille, il n'y voit que du feu et s'écrie: «Merci Seigneur, Alleluia.» Il ne s'informe pas des anxiétés d'Adrienne, il la berce comme une petite fille lui appartenant.

Pour Adrienne, les séquelles qui découleront de cette expérience seront multiples et très apparentes. Adrienne se perçoit très ambivalente et déchirée par rapport à cette expérience et à ses sentiments face à Alexandre. D'une part, elle est très amoureuse de ce thérapeute-magicien car elle vient de découvrir par son intermédiaire tout un monde de sensualité, de sexualité et de liberté qu'elle ne connaissait pas et qui ne faisait pas partie de sa vie, de ses croyances et de ses habitudes. D'autre part, Adrienne n'a pas choisi de s'éveiller à ces réalités différentes de son expérience personnelle de couple et de sexualité et elle sent bien que poursuivre cette relation menace sa vie de couple et de famille; tout son monde risque de sombrer. Avant chaque rencontre, elle est divisée entre ses nouvelles sensations et ses craintes, sa culpabilité et son sentiment de malaise.

Rien ne nous indique qu'Adrienne était insatisfaite de ses rapports amoureux avec son mari. Si tel était le cas, la responsabilité de cet acupuncteur aurait été de la référer à un thérapeute en mesure de l'aider à améliorer sa relation amoureuse et son vécu sexuel. Au lieu de cela, il s'est improvisé comme amant et a causé des perturbations et des déchirements chez Adrienne qui avait déjà ses problèmes et n'avait aucunement besoin des artifices de cet homme. Ambivalence face au thérapeute qu'elle aime et questionne à la fois, elle n'est pas certaine que ce qu'il a fait était néfaste pour elle et contraire à l'éthique. Il lui a fait découvrir tout un monde dont elle ignorait même l'existence. Mais elle est prise avec sa découverte ne sachant qu'en faire et ne pouvant oublier la saveur extatique de ses ébats sexuels.

Elle se retrouve très confuse face à sa sexualité. Son passé lui apparaît terne comparé à cette expérience, son avenir ne lui laisse rien entrevoir de mieux à moins de continuer à jouer ce double jeu qui la traumatise et l'handicape. Adrienne vit évidemment beaucoup de culpabilité face à son mari et à ses enfants. Elle a trompé son mari sans vraiment choisir d'avoir un amant. Comment expliquer à son mari; il ne comprendrait sûrement pas; elle ne comprend pas elle-même et se juge coupable. Et ses enfants qui croient en elle, en eux? Toute cette réalité d'un couple relativement heureux qui a réussi à gérer sa vie, à élever des enfants et à se donner un milieu de vie satisfaisant tout au moins en parti, est menacée. Toute cette réalité est obstruée, confuse et condamne le comportement d'Adrienne.

Elle se sent de plus en plus seule et isolée. Personne à qui révéler ce secret, cette aventure à la fois palpitante et désespérante car comme le dit Adrienne: «Celui qui devait me venir en aide m'a plongée dans un désespoir sans nom, secret, qui me semble sans remède.» Elle ne peut continuer comme si rien n'était arrivé. Elle a connu une sexualité qui lui manque maintenant et ses ébats sexuels avec son mari lui apparaissent dénudés de sens et de saveurs. Comment arriver à concilier ses deux réalités sans toutefois parler de son vécu récent avec son conjoint? Adrienne se sent possédée par ces nouvelles émotions, la dépression la gagne. Elle se couche de plus en plus souvent durant la journée, se retire dans sa chambre, n'a plus rien à dire à sa famille et s'enlise dans son secret et son désespoir. «Je veux dormir, toujours dormir, seule avec mon secret.»

Quels sont les mécanismes qu'Adrienne pense mettre en place pour tenter de sortir de cet univers clos qui la paralyse? Après plusieurs mois de retrait, elle décide d'aller travailler et ainsi de tenter d'oublier Alexandre qui hante ses journées et ses nuits. Le fait de travailler l'aide un peu à se remettre mais elle traîne un poids qui l'écrase. Suite à un article qu'elle découvre dans une revue de médecine douce où il est question de rapprochement sexuel entre le thérapeute et la cliente, Adrienne décide d'écrire à une personne qui traite de cette problématique. Enfin, pouvoir raconter son secret. Dire le bonheur qu'elle a vécu, ses découvertes et son désespoir de gérer toute cette expérience dans son milieu de vie. Comprendre ce qui lui est arrivé. Adrienne a plein de questions. Un premier soulagement se fait sentir après avoir partagé son secret sans se sentir jugée ou méchante. Ce répit est de courte durée car les séquelles du rapprochement sexuel sont profondes et nécessitent un travail d'analyse, d'intégration et de guérison. En effet, raconter et s'informer n'est pas suffisant; aussi Adrienne se donne deux autres moyens pour s'occuper des torts causés par Alexandre. Pour sortir de son sentiment d'isolement, elle ira en psychothérapie se faire aider dans sa confusion, son désespoir, sa relation de couple et elle rencontrera d'autres femmes qui ont vécu une expérience similaire.

Après qu'Adrienne aura remis de l'ordre dans cette expérience, elle devra repartir à nouveau avec les difficultés pour lesquelles elle avait consulté et qui n'ont pas été prises en considération. Il demeure qu'Adrienne vit une situation conflictuelle faite de tensions et de stress dont nous ignorons la provenance puisque la thérapie n'a pas porté sur ces difficultés mais plutôt sur une intimité sexuelle imposée en douce et non souhaitée.

Évelyne et M. Gauthier

Évelyne est une belle grande fille, à l'allure solide, dynamique et sportive. Une fille avenante, toujours prête, d'une jeunesse évidente. Le visage porte encore des traces de l'enfance, une belle peau lisse sans aucune ride. Une impression de force se dégage de son physique. D'après ses vêtements, sa tenue, il est facile d'imaginer qu'elle vient d'un milieu aisé. Elle pourrait faire partie des jeunes dits favorisés, des jeunes que l'on pense bien préparés pour affronter la vie. La présence de cette belle jeune fille est bouleversante. Elle pourrait être notre fille à tous. Comment Évelyne a-t-elle pu aboutir dans cette salle?

Quand vient son tour de prendre la parole, elle éclate en sanglots: «Je pleure à chaque fois que j'en parle, dit-elle, c'est encore trop près.»

J'avais dix-neuf ans, j'en ai maintenant vingt-quatre. Avant de devenir mon thérapeute, M. Gauthier était mon professeur de psychologie au cégep. J'ai fait deux sessions avec lui. Il avait cinquante-cinq ans. Quand je pense que ce que je vais vous conter est mon histoire, je me sens salie. Je n'accepte pas encore que ce me soit arrivé. Est-ce qu'un jour ce sera fini, est-ce qu'un jour, je serai délivrée de ce cauchemar?

Je veux comprendre pourquoi j'ai accepté qu'il me touche, pourquoi je me suis laissée faire. Depuis que c'est arrivé, les hommes sont toujours les coupables pour moi. Si j'entends parler d'un problème entre un homme et une femme, je blâme aussitôt l'homme. Je suis toujours prête à rugir et à sauter sur ma proie. Je me sens sur la défensive, j'ai constamment peur de me faire avoir. Ça ne peut continuer ainsi. Heureusement qu'il y a Patrick, mon ami, avec lui, je suis en confiance.

Je me sens tellement en colère que j'aimerais que tous les gens sachent ce que M. Gauthier a fait, j'aimerais que les gens sachent qu'il n'y a pas que la drogue comme danger qui court dans les corridors de cégep, il y a des professeurs de cinquante-cinq ans qui s'en prennent aux étudiantes. La plupart des autres, ici dans le groupe, veulent protéger l'identité de leur thérapeute, moi, j'aimerais qu'il soit dénoncé au grand jour.

La révolte et la colère d'Évelyne sont palpables. Pourtant, elle n'a pas porté plainte. Pourquoi? Elle dit avoir trop peur de lui. L'an dernier, elle l'a croisé au hasard des corridors. Sa réaction? «Le cœur m'a manqué, dit-elle, je suis devenue toute rouge, rouge de peur, rouge de honte, et je me suis enfuie aux toilettes.» La bravoure sera pour la prochaine fois. Voici son histoire.

Au mois de mai, l'année scolaire prend fin. Je me rends au bureau de M. Gauthier pour lui remettre mon travail de fin de session. M. Gauthier en profite pour me dire qu'il offre des services de thérapie en privé, chez lui, et qu'il a pensé que ça m'intéresserait. Il me donne son numéro de téléphone et me dit de le rappeler.

Je suis touchée de cette attention particulière. Je me demande comment il se fait qu'il ait pensé à moi, je ne crois pas qu'il fasse cette offre à toutes les étudiantes. Tout de même, je me suis vaguement rappelé que M. Gauthier avait déjà fait des avances à mon amie Andrée. Celle-ci était une camarade un peu plus vieille que moi, qui semblait nager dans le monde des grands et qui a eu une mauvaise influence sur moi. Quand j'y repense aujourd'hui, je m'en veux de ne pas avoir flairé là le danger.

Quant à moi, je n'hésitai pas du tout à dire oui à cette nouvelle expérience qui s'offrait à moi, j'étais ainsi faite, je mordais dans la vie, j'avais appris qu'il fallait profiter de tout ce qui passait. Je suis fille unique, je viens d'un milieu assez aisé. Mes parents m'ont fait prendre des cours de toutes sortes: ski, natation, théâtre, ballet, piano, et j'en passe. J'ai toujours apprécié de prendre ces cours et la thérapie que l'on m'offrait m'apparaissait du même ordre.

C'était très dispendieux pour une étudiante, trente dollars de l'heure, mais il fallait que j'y aille, c'était plus fort que moi. J'ai donc appelé. Le 6 juin, quatre heures, j'avais mon premier rendez-vous.

Je n'avais aucune idée de ce que le thérapeute attendait de moi, je ne savais pas ce qu'il fallait faire dans une thérapie et M. Gauthier ne disait rien. Je parlais de tout et de rien. J'étais très mal, gênée, je sentais que je parlais pour parler. Je causais superficiellement de mes projets d'été, de mon ami, etc. Je meublais le silence.

À la troisième rencontre, il me dit que je devrais m'étendre par terre. Je m'exécute, rassurée en me disant qu'enfin il me dirige. En aucun moment, je n'ai pu penser qu'il pourrait me faire du mal. Il s'est mis à m'expliquer que j'étais jeune et qu'il était aussi important d'avoir un corps sain que d'étudier au cégep. Je le suivais bien, mes parents avaient toujours insisté pour que mes activités soient diversifiées et complémentaires,

Il s'est mis à me caresser et à me demander de lui décrire ce que je ressentais. J'étais mal à l'aise. D'abord, c'était un vieux monsieur, pas très ragoûtant. Il n'était pas beau, mais surtout, il fumait le cigare et je trouvais qu'il puait. Je n'aimais pas qu'il s'approche de moi. Je ne croyais pas que je pouvais dire cela. Si je lui avais dit de se reculer parce que je trouvais qu'il puait, je ne sais pas ce qui se serait passé, mais ce genre d'idée ne m'effleurait même pas. Si j'acceptais le traitement, je devais en accepter les inconvénients. Je sentais mon corps se raidir sous ses caresses et je devenais de plus en plus tendue. Je ne sentais rien, je ne pensais rien, je n'étais que tension. Il me disait de me laisser aller, que j'avais pas mal de difficulté à m'abandonner. Je trouvais qu'il avait raison. J'étais un peu découragée de moi. Il m'a dit de ne pas trop m'en faire, qu'il m'aiderait.

À la session suivante, il a recommencé. Ce n'était pas mieux. Il m'a fait déshabiller, il m'a dit que l'on devrait travailler en profondeur car j'étais beaucoup trop tendue. J'ai cru que j'avais de graves problèmes sexuels. Il vérifiait dans mon vagin pour voir si je lubrifiais: rien. Il m'a demandé de le caresser pour voir si ça irait mieux. J'en avais mal au cœur. Je l'ai masturbé et il m'a dit de le regarder comment il se laissait aller. Je croyais sincèrement que tout cela était pour mon éducation sexuelle.

Lorsque venait le temps de mes entrevues, je me sentais au supplice. Le cœur me débattait, j'avais peur. Je me demandais toujours ce qui allait arriver car, à l'occasion, il me laissait tranquille. Je me disais: j'espère qu'aujourd'hui il ne se passera rien. En même temps, je me disais que je devrais arriver à me détendre si je voulais que tout cela arrête un jour! Je me sentais bien bloquée.

Il a commencé à s'informer de ce qui se passait avec Patrick, mon copain, à ce niveau-là. Patrick et moi, nous ne faisions pas encore l'amour. M. Gauthier ne trouvait pas cela normal. Selon lui, cela venait confirmer mes difficultés. Il m'a demandé d'être plus entreprenante avec lui et avec Patrick. Je devais arriver à initier moi-même la relation sexuelle. Il travaillait à ma libération sexuelle. Si j'arrivais à faire l'amour avec lui pour qui je n'avais aucun sentiment, je serais capable de faire l'amour avec n'importe qui, me disait-il, il n'y aurait rien à mon épreuve! Courageusement, je continuais.

Je regrette beaucoup ce qui s'est passé avec Patrick car, sous l'influence de M. Gauthier, nous avons brûlé des étapes. J'ai beaucoup de peine quand je pense à cela. J'avais peur que Patrick ne soit pas normal non plus, alors, je me suis mise à pousser pour qu'il se passe des choses entre nous. Je me faisais aguichante, je demandais à Patrick de me caresser. Tout cela, ce n'est pas moi! Je n'étais plus moi-même.

J'étais sous l'emprise de M. Gauthier. Je me sentais malheureuse et torturée par mes entrevues et je me sentais également obligée de continuer. Je devais obéir, il était l'autorité, il savait ce qui était correct, c'était lui qui savait ce qui était bon pour moi. J'avais une amie qui allait en thérapie. Indirectement, j'essayais de savoir si son thérapeute la touchait.

Patrick s'est mis à être méfiant, il me posait des questions sur mes entrevues. Je niais tout. M. Gauthier m'avait bien recommandé de ne rien dire, surtout à mon ami. Il serait jaloux et ne comprendrait pas, me disait-il. Quand je voyais les inquiétudes de Patrick, j'étais certaine qu'effectivement, il ne comprendrait pas. Un jour, Patrick m'a suivie et il m'a attendue devant la porte. Quand je suis sortie et que je l'ai aperçu, j'ai failli faire une crise cardiaque. Ce jour-là, j'avais masturbé M. Gauthier. Si Patrick nous avait vus, je pense qu'il aurait pu tuer cet homme. Tout cela augmentait mon cauchemar.

Puis, un jour que je parlais de tout et de rien, comme d'habitude, je pense que je disais que ma mère était revenue de voyage, il m'a dit de ne plus revenir. Est-ce qu'il a eu peur que je parle de tout cela à ma mère? Je n'ai pas posé de questions. J'ai voulu m'imaginer que le traitement était fini, j'étais tellement soulagée en-dedans. Il me semblait que la torture prenait fin, enfin!

J'ai vécu avec ce secret-là durant un an et demi. C'est avec des copines que c'est d'abord sorti. Spontanément, elles trouvaient que M. Gauthier avait eu tort d'agir ainsi. J'ai décidé d'en parler à Patrick. Il a grimpé dans les rideaux, il n'en revenait pas. Je ne l'avais jamais vu être aussi en colère. Pour tous ceux à qui j'en parlais, tout semblait clair. Je m'étais fait rouler. On avait abusé de moi et c'était écœurant!

J'étais beaucoup plus confuse qu'eux. Je n'épousais pas du tout leur colère, même au contraire, leur réaction me faisait sentir encore plus stupide. J'étais ébranlée. Je m'étais toujours perçue comme une fille «open», une fille qui ne se ferait pas embarquer facilement. Plus les gens de mon entourage se scandalisaient, plus je me sentais stu-

pide de m'être laissée faire, mon estime de moi baissait à vue d'œil!
J'aurais voulu effacer tout cela. Certains jours, j'essayais de m'imaginer que ce n'était pas arrivé. J'avais vraiment la sensation d'avoir été souillée et de l'être pour le restant de mes jours. J'avais surtout l'impression que tout cela était ma faute. Je trouvais que je n'avais pas su voir clair, que je n'avais pas su me défendre et je m'en voulais beaucoup. C'était ça le pire, je crois. Je ne voyais pas par quel chemin je pouvais passer pour accepter d'avoir vécu cela, pour me pardonner.

Je m'accable un peu moins maintenant, mais je ne suis pas au bout de mes peines, je le sais. Je me sens un peu moins responsable qu'au début, je commence à croire que M. Gauthier m'a vraiment fait du mal et même qu'il en était conscient. Il se peut qu'il se soit carrément foutu de moi. Je me sens humiliée et révoltée. Ce ne sont pas des sentiments beaucoup plus confortables que la culpabilité, mais je me sens moins écrasée.

Je me sentais perdante avec lui à la fin. Maintenant, je ne peux plus vivre d'être perdante. Quand je me sens lésée, je change d'air. Ça ne passe pas. J'ai besoin d'écouter ce que je ressens en dedans. J'ai besoin de me demander si ce qui s'offre à moi me tente vraiment, j'évite de m'embarquer systématiquement juste pour ne rien manquer.

Lorsque j'ai commencé à entendre les histoires des autres, je réalisais que, pour certaines, leurs histoires ressemblaient davantage à de puissantes histoires d'amour, et je les enviais un peu. Puis, lentement, cette pensée s'est transformée: Évelyne, regarde ces femmes, me suis-je dit, elles ont toutes souffert. Certaines ont l'impression d'avoir reçu davantage, mais elles ont aussi donné davantage. Toi, Évelyne, tu lui as donné ton corps, mais il n'a pas eu ton cœur, il n'a pas eu ta tête, en aucun moment, tu ne l'as aimé, en aucun moment, tu ne lui as confié tes véritables tourments. Tu lui as refusé ta confiance et si ton corps était si tendu, peut-être était-ce qu'il se refusait un peu lui aussi? Cette pensée m'est très réconfortante comme si elle m'aidait à sauver quelque chose du naufrage. Il ne m'a pas tout pris, ça restreint les dégâts. M. Gauthier, vous n'avez point pénétré mon cœur, encore moins ma tête.

Je me demande quand même «Pourquoi ça m'est arrivé?» J'ai eu une enfance heureuse, mes parents m'ont adorée. Mon père surtout. J'ai eu un bon papa qui s'occupait de moi. Pour lui, c'était un second mariage, il était beaucoup plus âgé que maman, il avait cinquante ans lorsque je suis née. J'ai toujours eu peur qu'il meure.

*Évelyne éclate en sanglots, elle est surprise. Elle n'avait jamais
réalisé que son cœur portait cette souffrance. Elle adorait son père et
avait peur de le perdre. Dans son enfance heureuse, cette inquiétude
voilée lui pesait sur le cœur.*

Je crois qu'il souffrait aussi d'être vieux. Il voulait que je sois
capable de tout. Il m'a offert tous les cours possibles, mais il ne
pouvait pas faire de ski avec moi, etc. Il m'arrivait de penser que les
autres enfants avaient un père plus jeune. Je peux reconnaître certaines failles chez mes parents, par exemple, je vois bien que ma
mère, qui n'a pas eu la chance d'étudier très longtemps, dit des
sottises quelquefois, mais je suis incapable de leur en vouloir, de ressentir de l'agressivité. Ils m'ont donné tout ce qu'ils pouvaient. Une
phrase est ancrée très profondément en moi: ils ne peuvent me vouloir
du mal.

Si un jour, je rencontre à nouveau M. Gauthier, j'aimerais tout
au moins le regarder avec assez d'insistance et de mépris dans les
yeux, pour que ce soit lui qui rougisse de honte et s'enfuie. Il me semble que ça me débarrasserait de la culpabilité que je traîne encore.
J'aimerais qu'il sache que je suis consciente de ce qu'il m'a fait mais
je me demande toujours si ce n'est pas une vengeance inutile.

Observations:

Dans cette histoire pathétique, M. Gauthier prône la thérapie par le
sexe. Dans ce genre de scénario, le thérapeute présente l'intimité
sexuelle thérapeute-cliente comme un traitement efficace pour les
difficultés sexuelles ou autres. «Si j'arrivais à faire l'amour avec lui
pour qui je n'avais aucun sentiment, je serais capable de faire l'amour
avec n'importe qui, me disait-il, il n'y aurait rien à mon épreuve!»
Que dire face au père qui décide de faire l'éducation sexuelle de sa
fille pour le bien de celle-ci. Cet exemple est du même ordre.

Sous prétexte d'un traitement sexuel, M. Gauthier abuse effron-
tément du pouvoir qui lui est attribué de par sa position d'autorité et
d'expert. Ce rationnel qui sous-entend que la relation sexuelle peut
être un traitement est faux car, les thérapies à caractère sexuel ne
légitiment pas davantage les contacts sexuels qu'une thérapie axée sur
le développement affectif global de la personne. Masters and Johnson
(1970), qui sont des experts reconnus dans le traitement des difficultés sexuelles, affirment que toute relation sexuelle entre un thérapeute

et sa patiente est un acte d'exploitation de la part du thérapeute, la plus grande négation de la responsabilité professionnnelle. Ils qualifient de viol le rapport sexuel d'un thérapeute avec sa cliente. D'autres auteurs établissent la même comparaison: Phyllis Chesler (1972), Virginia Davidson (1977), Linda d'Addario (1977).

Il est à noter ici qu'Évelyne n'a pas décidé par elle-même d'aller en thérapie, elle n'a pas décidé par elle-même qu'elle avait des problèmes sexuels et n'a pas décidé de la fin du processus. On pourrait presque dire ici que la thérapie est l'affaire du thérapeute. M. Gauthier dépasse les limites de sa fonction dès le départ en invitant Évelyne à venir le consulter. Le thérapeute qui sollicite directement un client se place immédiatement en situation d'abus de pouvoir et de conflits d'intérêts. Pourquoi M. Gauthier offre-t-il à Évelyne de venir le rencontrer dans un contexte thérapeutique si ce n'est pour des raisons qui lui appartiennent personnellement, tels le besoin de revenus supplémentaires, le besoin de se sentir important auprès d'une jeune fille, ou encore le désir sexuel de cette jeune fille vierge. Évelyne n'avait pas manifesté de motivations ou exprimé des besoins de consultation de ce genre. M. Gauthier ne peut donc pas prétendre qu'il répondait là à une demande.

De par son vécu, Évelyne était une proie facile. Elle a vraiment été aimée et choyée par ses parents «qui ne peuvent lui vouloir que du bien». Avec des parents protecteurs, pour ne pas dire un peu trop protecteurs, Évelyne n'a pas eu, jusqu'à ce jour, le besoin de se protéger des dangers de la vie et n'a donc pas appris à assurer sa protection. Comme une enfant confiante, elle se fie au parent au détriment de ses propres sensations. Pour fonctionner dans le monde des adultes, Évelyne devait apprendre à se fier à ses propres indices, apprentissage que cette expérience avec M. Gauthier lui aura cruellement procurée: «Maintenant, je ne peux plus vivre d'être perdante. Quand je me sens lésée, je change d'air. Ça ne passe pas. J'ai besoin d'écouter ce que je ressens en dedans. J'ai besoin de me demander si ce qui s'offre à moi me tente vraiment, j'évite de m'embarquer systématiquement juste pour ne rien manquer.»

Cette expérience a laissé des séquelles importantes chez Évelyne. Même si cinq années se sont écoulées depuis la fin de la thérapie avec M. Gauthier, Évelyne éclate en sanglots au moment d'en parler: «Je pleure à chaque fois que j'en parle, c'est encore trop près.» Dans cet exemple, parler d'envahissement émotif semble approprié. Évelyne est en colère, révoltée, méfiante face aux hommes. Lorsque qu'il y a des différends entre un homme et une femme, nous a-t-elle confié, je pense spontanément que c'est la femme qui a raison. Quand elle a réalisé qu'il y avait un homme dans le groupe des victimes auquel elle participait, elle a failli s'en retourner chez elle! Elle a été trompée par une personne supposée digne de confiance, comment alors ne pas devenir méfiante?

Il y avait déjà chez Évelyne une confusion dans son sentiment d'identité et des rôles respectifs. L'adulte et l'homme en autorité savaient toujours ce qui était bien pendant que l'enfant, l'adolescent ou le client, eux, devaient s'abandonner les yeux fermés. M. Gauthier, en s'attribuant plus de responsabilités et de pouvoirs inhérents à son rôle, contribue à accentuer la confusion d'Évelyne. Elle est dans l'impasse. Encore moins qu'avant sa thérapie, Évelyne ne saura à qui faire confiance et demander de l'aide. Elle conclut intelligemment qu'elle devra toujours se méfier.

Évelyne se débat également avec un immense sentiment de culpabilité. «J'avais vraiment la sensation d'avoir été souillée et de l'être pour le restant de mes jours. J'avais surtout l'impression que tout cela était de ma faute. Je trouvais que je n'avais pas su voir clair, que je n'avais pas su me défendre et je m'en voulais beaucoup. C'était ça le pire, je crois. Je ne voyais pas par quel chemin je pouvais passer pour accepter d'avoir vécu cela, pour me pardonner.» Ce sentiment de culpabilité est presque incompréhensible pour les gens de l'extérieur, tels les amies d'Évelyne et son copain Patrick, tant il est évident pour eux que le thérapeute est fautif. Pour les victimes de viol ou d'inceste, le sentiment d'être la cause de ce qui leur est arrivé est très fréquent. Ce sentiment de culpabilité entraîne une altération de l'image de soi. «Je m'étais toujours perçue comme une fille "open", une fille qui ne se ferait pas embarquer facilement. Plus les gens de mon entourage se scandalisaient, plus je me sentais stupide de m'être laissée faire, mon estime de moi baissait à vue d'œil!»

Dans un premier temps, Évelyne essaiera d'oublier et de nier pour s'en sortir: «J'essayais de m'imaginer que ce n'était pas arrivé.» Lorsque le thérapeute met fin à la thérapie, Évelyne, dans une tentative d'explication, s'imagine que le traitement est fini et essaie de ne plus y repenser. Elle n'en parle pas et reste isolée avec son secret en espérant qu'il s'effacera un jour. Dans un deuxième temps, elle s'ouvre à ses amies, puis à Patrick. Une nouvelle façon de percevoir cette expérience s'impose: le thérapeute n'était pas correct. Cette nouvelle explication oblige Évelyne à faire face. «Si c'est clair pour tout le monde que M. Gauthier a mal agi, comment il se fait que moi je ne m'en suis pas aperçue?» De ces nouvelles questions, a surgi un immense besoin de se réapproprier ce qui lui appartient et de donner au thérapeute la responsabilité de ses erreurs. Elle a besoin de comprendre. C'est dans cet élan qu'elle participe à la recherche et qu'elle s'inscrit au groupe pour rencontrer d'autres personnes ayant vécu cela.

Évelyne a besoin de réaliser qu'elle a fait confiance à M. Gauthier d'une manière enfantine et que celui-ci en a abusé. Elle avait toujours cru que les adultes en autorité ne pouvaient lui vouloir de mal et elle leur obéissait aveuglément. Elle doit réajuster cette compréhension du monde pour retrouver son équilibre.

Troisième partie

Histoires vécues de thérapeutes

Louis et Coralie

Louis est un homme et un thérapeute très honnête, toujours prêt à dénoncer les injustices. Il a de l'estime pour notre démarche et c'est dans un esprit de collaboration et de solidarité qu'il nous a confié son expérience avec Coralie. C'est aussi par affection pour Coralie qu'il se livre à cœur ouvert aujourd'hui. Lui rendre justice, c'est tout au moins reconnaître qu'elle fut perdante dans cette relation, se dit-il. Peut-être cela pourra-t-il aider d'autres Coralie?

J'avais quarante et un ans. Je vivais seul. J'émergeais d'une séparation extrêmement douloureuse. Comme on dit, j'avais pris tout un bouillon. Mes rêves, mes idéaux d'une belle relation intime, d'une belle famille harmonieuse, étaient disparus, emportés dans une monstrueuse débâcle. Tous les barrages avaient cédé. Les eaux étaient déchaînées et charriaient tout ce qui se trouvait sur leur passage. J'ai atterri, un bon matin, sur le rivage. Je n'étais que blessure! Comment avais-je survécu? Je m'étais fermé les deux yeux, recroquevillé et accroché désespérément au billot qui passait par là. Dans la réalité, je m'accrochais sérieusement à mon travail de thérapeute.

Dans cette rupture, mon image d'homme et mon identité avaient été anéanties. Je m'appliquais, étudiais, lisais des centaines de livres. Je voulais comprendre ce qui m'était arrivé, les jeux de la haine et de l'amour. Je me sentais très uni à mes clients par ma connaissance de la souffrance et avec eux, j'ai travaillé très fort pour les aider.

Je ne voulais plus me faire éclater aussi dramatiquement et je ne voulais plus être si profondément blessé dans mes amours. Avec mes clients qui apprenaient à vivre, je réapprenais. Symboliquement, je leur tendais la main et je les aidais à retrouver un semblant de sentiment d'existence. Leur courage et leur détermination m'inspiraient dans ma propre vie. Mon travail avec eux me permettait de rebâtir mon estime de moi qui avait drôlement baissé après cet échec important. En me rejetant, ma femme avait réussi à me faire douter de moi globalement. Autant son amour m'avait sauvé plus jeune, c'est la première personne qui me voyait comme un bel homme et comme un homme intelligent, capable de réussir, autant son départ semblait avoir raflé beauté et intelligence. Que de dépendance! Après ma séparation, j'ai eu quelques amantes ici et là, pour ne pas mourir complètement desséché mais mon cœur se tenait loin de ces dames. Elles avaient trop de pouvoir sur moi, elles me possédaient trop facilement, j'en avais peur comme de la peste. Je savais que tant que mon intérieur ne serait pas reconstruit, une entreprise amoureuse serait encore dangereuse pour moi. Je n'avais pas encore les moyens de souffrir autant, donc pas les moyens d'aimer. Je travaillais et me passionnais pour mon travail, c'est ainsi que je vivais.

Puis vint Coralie, suave jeune fille de vingt-six ans. Tendre matin, une soie, une elfe, avec des yeux remplis d'un amour si pur. Elle s'abandonne totalement juste en me regardant. Je vacille. Elle vient me consulter pour être soutenue dans une séparation, une séparation qui à mes yeux semblait très bien se passer. Son ex-conjoint et elle se parlent clairement du fait qu'ils ne se sentaient pas faits l'un pour l'autre et, d'un commun accord, ils avaient pris leur temps pour établir une certaine distance entre eux. Ils ne voulaient pas d'une rupture brutale. Je l'écoutais raconter son histoire et j'étais ébahi, car je comparais cette belle façon de faire avec ma séparation chaotique, remplie de violence, et je n'en revenais pas de tant de maturité chez cette toute jeune fille. Je l'enviais. Je m'émerveillais.

Quand j'y repense, je me sens triste. Je n'ai rien vu, je me suis laissé aveugler. Je n'ai pas su voir qu'il y avait aussi devant moi, minutieusement cachée, une toute petite fille, paniquée, qui n'avait jamais vécu d'échec et qui essayait à tout prix d'éviter l'inévitable. Au seuil de son premier échec, elle travaillait très fort pour transformer sa rupture en succès. Elle a exécuté devant moi ce scénario acrobatique. Pourtant, puisqu'elle venait consulter, elle devait avoir l'intuition que la souffrance serait bientôt à sa table. Il lui faudrait faire face à l'échec et à la rupture. Mais elle avait peur et voulait être accompagnée pour la première traversée... voilà ce que j'aurais dû comprendre. Au lieu de cela, j'ai applaudi son numéro et de ce fait, je l'ai encouragée à fuir la réalité. Cette attitude est exactement à l'opposé de ce qui est thérapeutique. Lorsque plus tard, je la quitterai, elle se retrouvera seule, devant une rupture qu'elle ne pourra plus considérer comme autre chose qu'un échec. Ce sera le drame.

Les entrevues se déroulaient dans un bonheur total, pourrais-je dire. Je crois que l'on flottait. Elle me racontait minutieusement ses prouesses de la semaine et j'admirais: «Regarde papa le beau dessin!» Au lieu d'admirer, papa aurait dû savoir que la petite avait autre chose à faire. Mais, malheureusement, comme bien des parents, papa s'est laissé charmer, s'est laissé manipuler. Quand venait l'heure de l'entrevue de Coralie, j'avais hâte, je me sentais «énergisé». Quelle cliente facile me disais-je! J'avais l'impression qu'elle faisait son chemin toute seule. C'était merveilleux! Je ne «flashais» absolument pas sur le fait que, justement, quand on va en thérapie, ce n'est pas pour faire son chemin toute seule. Je ne comprenais pas qu'elle puisse vivre sa séparation avec autant d'aisance à un si jeune âge, alors que j'en avais tellement bavé. C'était un mystère pour moi et je me disais: «Ne sois pas mesquin, ce n'est pas parce que t'as eu de la misère que tout le monde doit en avoir!» J'ai toujours voulu donner la chance au coureur. Beaucoup trop. Il y a des limites que je ne sais pas voir! C'est malheureux.

Après neuf rencontres de ce genre, Coralie est à bout de ressources. Elle ne sait plus de quoi parler. J'en conclus avec elle que le problème pour lequel elle consultait, soit sa séparation, semble réglé et qu'elle n'avait probablement pas besoin de revenir me voir. Tout ça est tellement logique qu'elle ne peut y ajouter grand-chose. La réalité, c'est que je n'arrivais plus à la considérer comme une cliente. Je l'avais idéalisée, j'avais construit autour d'elle une image. L'autre se conforme souvent à l'image qu'on lui attribue. C'est ce qui est arrivé à Coralie. Comme elle s'était conformée à l'image construite par ses parents, elle s'est conformée à l'image que j'avais construite pour elle. Coralie avait besoin de support pour exister avec ses peines et ses échecs, pour être une personne normale, entière et non une marionnette actionnée par les désirs de ses parents. Comme pour beaucoup d'enfants, ce support avait été absent durant son enfance. Coralie avait suffisamment parlé de son enfance pour qu'un thérapeute, un peu attentif, y voit des pistes.

Lors de cette dernière entrevue, elle me confie que notre rencontre hebdomadaire va lui manquer car je suis devenu très important pour elle. Un subtil frisson parcourt ma colonne. Je lui réponds que ce fut un plaisir pour moi de travailler avec elle, qu'elle était une cliente très gratifiante. L'on se quitte, les yeux brillants d'émotion. Quand je repasse cette scène extérieurement anodine, je suis certain maintenant que tout au moins son inconscient avait perçu ma tentation, ma retenue, mon frisson. Les dés étaient jetés.

Quinze jours plus tard, je recevais une lettre troublante. Simplement à constater mon émotion en devinant la provenance de la lettre, je savais que j'avais secrètement désiré ce message. Je n'ai pas ouvert la lettre dans l'escalier comme je le faisais avec le courrier. J'ai attendu d'être au lit, ce lit que je n'ouvrais que d'un côté plus souvent qu'autrement.

Une belle écriture, longue et fine, plume fontaine à l'heure de tous ces crayons feutres, rien de banal. J'appréciais. Dans mon souvenir, sa lettre était comme un envoi de fleurs, une façon charmante de dire: Je pense à toi et toi, est-ce que tu m'aimes un peu? J'ai peur! Hier soir, j'ai fouillé dans mon panier de lettres tendres et j'ai retrouvé le document authentique. C'est un témoin précieux de la déformation positive que j'opérais, cette lettre était un cri de détresse, comme le sont peut-être certains envois de fleurs! Si j'avais été moins envahi par mes besoins personnels, j'aurais pu l'aider, lui donner toute la place, oui, mais en thérapie. Chère Coralie, je sais que j'aurais pu t'aider à comprendre que tu rêvais de moi pour calmer une autre douleur beaucoup plus précieuse et inconnue, j'aurais pu t'aider à en trouver le chemin. Je n'ai pas su. Voici la lettre:

Monsieur Louis,

Je viens de passer une autre nuit blanche. J'ai un gros secret qui m'empêche de dormir et la seule solution que j'ai trouvée, c'est de m'en délivrer. J'ai honte, j'ai peur et je m'excuse de venir vous déranger avec mes sornettes, mais, voilà, je n'en peux plus!

Dès la première rencontre, vous êtes entré dans ma tête comme un rayon de lumière! Des images plein la tête! Vous avez un grand manteau, vous me prenez dans vos bras et vous m'enveloppez, vous êtes de blanc vêtu et vous m'attendez près du feu en cette nuit étoilée. Vous habitez mes rêves, mes fantaisies et vous demeurez inaccessible... c'est atroce. Durant les entrevues, je ne savais plus ce que je disais, je ne voulais que vous regarder et être là près de vous. Je me dis que je dois être en manque d'affection depuis que j'ai quitté François. J'ai quitté facilement tout ce que je n'aimais pas de lui, mais je crois que sa tendresse me manque. Je me suis imaginée que vous aviez de l'affection pour moi et je m'ennuie de vous. Puis-je vous dire que je vous aime sans me rendre ridicule? Je déborde de tendresse, d'affection et d'amour, j'aimerais prendre soin de vous. Je vous en supplie, ne me rejetez pas. J'ai peur de ne jamais vous revoir.

Au revoir tout de même, Coralie

Ce type de lettre ne me laissait pas dupe, du moins, le pensai-je. Coralie venait de prendre un grand risque, et, peut-être même à son insu, le suspense était commencé. Elle devait se donner dix mille bonnes raisons pour s'expliquer que je ne réponde pas, je savais son trouble, sa torture, et je savais aussi que je répondrais, je ne voulais pas jouer avec elle. J'ai téléphoné dès le lendemain soir. Je l'ai rassurée: «Ta lettre m'a fait immensément plaisir et, moi aussi, j'aimerais te revoir.» Je venais d'apaiser son tourment. Ainsi, elle pourrait dormir en paix.

On soupe ensemble vendredi soir. Je ressens une sensation très bizarre. Je sens que je domine la situation, c'est confortable. En même temps, je sens que c'est Coralie qui fait ma conquête, qui initie le désir, c'est une délicieuse sensation. Je n'ai jamais ressenti rien de tel, comme si je pouvais me reposer de mon rôle d'homme. J'ai hâte de sentir ses mains sur mon corps, j'ai hâte de la voir nue. Je suis bien décidé à me laisser faire, à m'abandonner. Ô délices! L'attente sera longue même pour moi.

Je percevais Coralie comme un trésor, un trésor de talents, de créativité, de sensibilité, de sensualité. J'étais de quinze ans son aîné et je savais qu'il ne pouvait rien avoir de sérieux entre nous. Je ne risquais pas de me brûler les ailes. J'étais protégé, je le sentais. Je pouvais donc m'aventurer dans cette gâterie qui s'offrait à moi. Après les années arides que je venais de traverser, ça ne m'apparaissait pas trop demander à la vie. Je l'avais bien méritée. Le fait d'avoir été son thérapeute me plaçait dans une situation privilégiée. Je ne voulais pas abuser de ce privilège et, sincèrement, je croyais que Coralie y aurait son compte: être en relation intime avec moi serait une expérience enrichissante pour elle. Que de prétention! Je me percevais comme sensible et délicat, authentique et honnête.

Le vendredi, elle me téléphone; pourquoi ne pas souper chez elle plutôt qu'au restaurant, me suggère-t-elle. Elle adore cuisiner. J'accepte, je me sens curieux de découvrir son univers que j'ai déjà imaginé plusieurs fois. Je pense à apporter des fleurs, ce que je ferais normalement devant une si gentille invitation. Mais je ne veux pas qu'elle pense que je suis amoureux d'elle, je ne veux pas qu'elle se fasse d'idées à mon sujet. Je m'abstiens donc. De toute façon, je sens que ma présence est un cadeau pour elle et qu'elle ne me demande rien en retour. Avec elle, je me sens un être presque exceptionnel. Ça me fait du bien. Je suis même assez prétentieux pour croire que je mérite toute cette attention! L'épave que j'étais n'avait pas fini de redorer son blason quoi! Et c'est Coralie qui en fera les frais.

Elle est en design, elle vit dans le grenier d'une grande maison. Inusité. Un petit trois et demi sous les toits. On s'y croit à Paris. Ça prend bien elle pour dénicher cela. Ce qui aurait pu être un trou pour quelqu'un d'autre, est devenu un nid tout chaud entre ses mains. Rien de dispendieux. Tout est d'une grande simplicité. Vive le talent! Je suis sous le charme. Je ne crois pas que Coralie saisisse ce que tout cela représente pour moi. Elle donne sans réaliser la valeur de ses cadeaux et de ses attentions, comme un enfant qui n'a pas la valeur de l'argent. Elle ne connaît pas encore sa valeur. Ce n'est pas avec moi qu'elle fera cet apprentissage, car je sais que malgré mes belles paroles et mes nombreuses félicitations, la seule chose qui aurait pu la convaincre de son charme, c'est que j'accepte de l'aimer et de m'engager. Il n'en est pas question et elle le savait. Je lui dis sur tous les tons. J'explique cela par notre écart d'âge. Elle me laisse parler. Je suis certain qu'elle croit qu'elle viendra à bout de ma résistance. Il n'y avait rien à son épreuve. Je la laisse faire.

Le souper s'étire, la tension sexuelle s'installe. Je devrais bouger. J'ai peur. Quoique parsemée de multiples prouesses, ma vie sexuelle balbutie. J'ai toujours fait le brave mais, dans le fond, je me sens gauche et ignorant devant une femme qui me plaît. Je ne veux plus faire semblant. J'aimerais découvrir une autre sexualité et je crois que c'est possible avec Coralie. Elle est d'une autre époque, d'une autre génération et n'a pas les mêmes préjugés, la même éducation. Je la devine beaucoup plus libérée et naturelle que moi. J'ai envie qu'elle m'enseigne. Elle me prend la main, je tressaille. Je pense qu'elle vient de prendre mon âme par la main. Je suis touché. Je ne suis plus qu'une main dans ses mains.

Ainsi, elle s'appropriera lentement mon corps avec un grand sérieux et une grande concentration, une sorte d'initiation: ça doit être ça faire l'amour, me dis-je. Mais je ne reconnais pas là l'amour que j'ai appris. Mon pénis ne semble pas la préoccuper beaucoup. Elle s'occupe de mon cou, de mon dos, ses mains sont douces, chaque courbe semble un berceau, elle m'enveloppe dans une couverture de laine, je suis au chaud. Par ses mains, j'ai l'impression de faire connaissance avec la féminité, ce doit être ainsi qu'une femme pense l'amour!

On s'est vu toutes les fins de semaine durant trois mois. On a mangé ensemble, on a fait du sport ensemble, on a fait du dessin et on s'est cajolé. La plupart du temps chez elle, on y était plus à l'aise. La semaine, on ne se voyait pas. Je travaillais et je ne faisais aucune concession. Je restais présent à mes clients, à mes lectures et à ma recherche. Elle m'appelait le soir pour me dire bonne nuit. Au début, ça me plaisait de me sentir ainsi entouré, mais après quelque temps, ça m'étouffait un peu. Même si je n'avais pas d'autres femmes dans ma vie, c'est une re!ation que j'avais tendance à maintenir privée. Je savais qu'elle n'était là que pour un temps comme la visite de l'archange Gabriel qui annonce la venue du Messie. Coralie préparait la venue de l'amour. Son contact m'adoucissait, m'ouvrait de nouveau à la vie.

Au printemps, Coralie s'est retrouvée enceinte et, ce n'était pas de l'Esprit Saint! J'ai un peu paniqué! Ce fut le début de la fin. Pendant quelques heures, j'ai savouré le plaisir d'être géniteur, d'être un futur papa. Ces instants de bonheur furent de courte durée. Je ne voulais pas m'engager avec une femme de quinze ans ma cadette, je ne voulais pas m'engager avec une femme qui me voyait comme un dieu, tout cela n'était pas moi, tout cela n'était qu'un jeu, n'était qu'un rêve. J'avais accepté de rêver avec Coralie, d'échapper un peu à la vie, aux années difficiles que je venais de passer, le repos du guerrier. Mais, on ne joue pas avec les bébés, c'est trop précieux.

C'était monstrueux, j'allais briser Coralie, mais je ne voulais pas de cet enfant. Tout cela était assez horrible! Avec ma femme, j'ai tant désiré avoir des enfants que je n'ai pas eus, elle n'en voulait pas. Coralie désirait cet enfant que je ne voulais pas! Cruauté du destin. J'étais déchiré. Coralie avait rêvé que je sois le père de son enfant, j'étais le père idéal, bien sûr. Elle s'est précipitée chez ses parents leur annoncer la bonne nouvelle, ses parents ne me connaissaient même pas! Le rêve prenait cruellement fin.

Je voulais que Coralie se fasse avorter. Je faisais des démarches et Coralie pleurait. Je l'ai amenée chez Morgantaler. Ce fut un avortement simple et propre. J'ai l'air d'un bourreau, mais je ne suis qu'un homme, un homme qui fut irresponsable dans cette histoire. On s'est revu quelques fois, mais le charme n'opérait plus. Coralie savait maintenant que je ne m'engagerais pas avec elle. Ma présence la faisait souffrir. Elle m'a quitté. Je comprenais. L'amour, ça ne se vit pas dans les rêves.

Quelque temps après, j'ai rencontré Jeanne, la femme qui m'était destinée, une femme de mon âge, une compagne. C'est en vivant cette relation simple, très incarnée dans le quotidien, que j'ai saisi plus clairement ce qu'il y avait de faux dans ma relation avec Coralie. Je ne fais plus l'amour de la même manière. Ma relation avec Coralie m'a sûrement été utile. L'an dernier, quelqu'un me demandait si j'avais conscience d'avoir fait vraiment mal à quelqu'un dans ma vie, l'image de Coralie en larmes m'est apparue. Est-ce ainsi que les hommes vivent?

Je voudrais parler de ma relation avec Jeanne mais il m'est difficile de passer si vite de Coralie à Jeanne, j'aurais encore une fois l'impression de lui manquer de respect.

Je travaille encore activement comme psychothérapeute. Il y a toujours des clientes qui tombent en amour avec moi, du moins qui tombent en amour avec le psychothérapeute parce que maintenant, je suis convaincu que ces déclarations d'amour ou d'affection ne me concernent pas. Ça fait partie de la thérapie.

Observations:

Les histoires des clientes nous ont permis de constater que le rapprochement sexuel est une répétition d'un scénario du passé. Nous croyons qu'il en est de même pour le thérapeute. En nous racontant son histoire, Louis relie son erreur au fait qu'il était dans un moment difficile de sa vie. Nous avons voulu aller plus loin et, si possible, retracer le lien qui devrait exister entre son aventure avec Coralie et son scénario de vie. Nous lui avons posé la question.

«Je n'arrive pas à faire de liens avec mon passé. Ce dont je suis conscient, c'est qu'à partir du moment où je me suis mis à admirer la maturité de ma jeune Coralie et que j'ai vu dans ses yeux une capacité d'abandon que j'étais loin de posséder, j'ai eu envie qu'elle m'apprenne. J'ai eu envie qu'elle prenne soin de moi, et là, je me suis mis dans la position de l'enfant qui se fait dorloter.

«Je sais que je suis sorti de l'adolescence avec une image très négative de moi dans mes capacités de séduire une femme. J'avais un frère plus vieux pour lequel ma mère avait un penchant... et ce frère «poignait» avec les filles. Il aimait s'occuper des filles, je me tenais à l'écart, retiré, comme si ça ne m'intéressait pas. Je ne voulais pas me sentir en compétition avec lui car j'étais sûr de perdre.

«Je croyais que tout le monde percevait ma disgrâce et se disait: "Pauvre Louis, il serait aussi bien de rentrer chez les prêtres." Je me sentais toujours mal fagoté, empêtré et je rêvais. Je rêvais beaucoup. À l'intérieur de moi, j'étais toujours amoureux, de mon professeur de piano, d'une de mes jeunes tantes, de l'amie de ma sœur aînée et des autres. Bien sûr, personne de ce beau monde ne se doutait de l'importance qu'ils avaient pour moi. Quand celle qui devint ma femme m'a remarqué, j'avais déjà quelques peines d'amour imaginaires à mon actif et elle venait de me sauver d'une fin dramatique au monastère. Elle était très jolie et c'était super important pour moi. On saurait au grand jour que j'étais aussi capable que mon cher frère. Cette image négative de moi explique sûrement l'importance des dégâts entraînés par ma séparation.

«Quand je repense à Coralie, je pense qu'elle a eu de la prise sur moi en me donnant l'illusion que j'allais renouer avec le tendre adolescent rêveur que j'étais, l'amoureux en secret. Coralie avait deviné mon secret et était venue me prendre par la main. Je me suis laissé bercer dans cette illusion quelque temps mais les dés étaient pipés. Il y avait des retours de cette image négative en moi mais je n'avais plus seize ans. Ma séparation m'avait vraiment ébranlé et je savais très bien que je ne devrais jamais plus compter sur personne pour me redonner confiance en moi-même. J'étais profondément convaincu de cela. Bizarrement, je crois que cette aventure avec Coralie a amélioré ma confiance en moi mais la cause n'est pas que Coralie a si bien su m'aimer. Ce qui m'a réellement aidé, c'est d'avoir été capable de choisir ce qui me convenait: de ne pas avoir cet enfant et de ne pas m'embarquer avec Coralie».

Julien et ses clientes

*Julien a cinquante ans, il est psychologue et professeur à l'université.
Il a accepté de nous rencontrer à trois reprises. Il avait entendu parler de notre livre par un ami commun. Il y a peu de temps, Julien faisait partie des thérapeutes à risques. Sur le chemin de la guérison, il désire se libérer de ces années d'angoisse. Il a besoin de parler.*

J'ai fait l'amour avec des dizaines de clientes. J'en parle aujourd'hui et tout cela me semble un peu irréel car au moment où cela s'est passé, je n'avais absolument pas conscience de faire quelque chose d'inacceptable. Tout se déroulait en dehors de la réalité, comme dans un rêve. Par une certaine magie de la pensée, j'en arrivais à oublier la vulnérabilité de la cliente, j'en arrivais à oublier qu'il s'agissait de clientes.

Je suis un homme qui adore les femmes mais mes relations avec elles sont compliquées. Je suis une sorte de misogyne, un homme aux prises avec une grave maladie de l'amour. Aimer et haïr aussi fort en même temps la même femme, est-ce possible?

J'ai besoin de parler aujourd'hui pour, si possible, comprendre et réparer s'il y a lieu le mal que j'ai pu faire. Je ne pense pas ici au mal subi par mes partenaires en amour dans la vraie vie, mes compagnes, principalement ma femme Céline, mais bien au mal infligé aux clientes, au mal infligé par le thérapeute misogyne. Je soupçonne maintenant que ces clientes étaient dans une position de faiblesse par rapport à moi et qu'elles n'avaient aucun moyen de m'échapper. Le rapport de force était d'une trop grande inégalité, probablement comme un enfant face à un adulte qu'il aime, il est coincé de toutes parts. Je ne vois pas très clair dans tout cela mais je me sens prêt à faire un peu de ménage et à y faire face. La fuite ne m'est plus d'aucun secours.

J'ai besoin de retracer les chemins sinueux qui m'ont mené à des comportements aussi inexplicables et compliqués. Je n'ai pas fini de comprendre, je crois que je n'ai pas fini d'accepter qu'il y ait en moi des blessures irréparables, des souffrances qui laisseront des traces à jamais.

Nous étions deux enfants à la maison, je suis l'aîné et j'ai une sœur cadette. Ma mère émerge de mon enfance comme la personnalité de la famille. C'était une femme vive, intelligente, passionnée et talentueuse. Enfant, elle m'a entouré, lavé, bichonné, comme un trésor. Elle m'a aussi surprotégé, je crois. Tous les enfants entourés ne sont pas surprotégés, bien sûr, mais dans mon cas, c'était exagéré. Maman prenait de moi un soin jaloux, je n'étais jamais sale, jamais seul, toujours un joli petit costume impeccable sur le dos et j'en passe. Pauvre maman, la vie la décevait, l'amour romantique et l'amour quotidien étaient fort différents dans son cas. Elle s'est donc accrochée à moi comme elle a pu et les soins qui étaient bons et précieux pour le jeune bébé ont étouffé l'enfant que j'aurais dû être. Je n'ai pas beaucoup de souvenirs clairs de cette époque de ma vie, mais je suis certain que je vivais pour ma mère et par ma mère.

Adolescent, je lui ai voué une grande admiration. Je sortais avec elle avec au cœur une grande fierté comme si j'avais eu au bras ma vedette préférée. Puis, je suis devenu son confident, le confident de tous ses malheurs. C'est à cette époque qu'il est devenu clair pour moi que maman était malheureuse et qu'elle en tenait papa responsable. La vie à la maison s'est mise à ressembler à des montagnes russes, ou encore à la roulette russe. Maman pleurait de plus en plus souvent, toujours avec une extrême intensité. Le drame pour nous, c'est qu'il était impossible de deviner ce qui allait déclencher ses larmes, son courroux, sa maladie. Un véritable suspense quotidien, maman allait-elle être de bonne humeur? Si oui, maman faisait de cette journée une merveilleuse fête qui pouvait cependant se briser à tout moment. Toute la maison vivait sous tension comme privée de sa respiration.

Dans la famille, nous étions tous sous son emprise. Papa était un homme effacé que j'ai vite considéré comme un faible, comme un être méprisable tel que me le présentait maman. Je n'ai jamais eu le désir de me rapprocher de ce père lointain. Comment aurais-je pu en avoir le désir! Cet homme décrié n'en valait pas la peine à mes yeux et ma mère se serait sûrement sentie hautement trahie. Bref, je n'ai à peu près pas connu papa. En fait, je crois que c'était un homme peu sûr de lui qui n'a jamais été certain que maman l'aimait, qu'elle l'avait choisi. Elle a souvent parlé d'un grand amour impossible qu'elle aurait connu avant papa. Il a toujours vécu dans la peur de la perdre et il n'a jamais osé lui tenir tête. Il est devenu une sorte de fantôme. Passivement, furtivement, il s'esquivait. Il travaillait tard le soir, lisait le journal, ne parlait à peu près pas. Un cancer l'a emporté au début de la cinquantaine. Sans émotion, j'ai assisté à ses derniers instants. Ma mère, qui l'avait critiqué pour tout jusque dans des détails incroyables, pleurait à chaudes larmes. On aurait juré qu'elle venait de perdre quelqu'un de cher. Qui était donc cette femme? Pourquoi papa s'en allait-il ainsi, me laissant seul face à cette femme trop forte pour moi? Je ne comprenais plus rien.

Ce sentiment de confusion n'était pas nouveau et il ne m'a plus jamais quitté depuis. Autant ma mère m'attribuait une grande importance en me confiant combien mon père la faisait souffrir, autant elle pouvait m'humilier pour des riens. Devant mes amis, elle pouvait se mettre à leur dire à quel point j'étais un fils ingrat, la preuve, j'avais encore oublié les poubelles après tout ce qu'elle faisait pour moi, elle inspectait ma chambre régulièrement à la recherche de quelque chose que je pourrais lui cacher, lisait mes écrits. Rien n'était à son épreuve. Elle se sentait persécutée pour un oui, pour un non. Elle pouvait avec autant de conviction, larmes à l'appui, raconter les souffrances de l'accouchement comme preuve de tout ce qu'elle endurait pour moi, et traverser la pièce, venir m'embrasser tendrement me disant devant témoins combien elle m'aimait. C'était une femme capricieuse, enfant, dominatrice, tout cela avec tellement de sincérité qu'elle réussissait toujours à se faire pardonner. C'était une séductrice née. Je me souviens que je me disais qu'elle aurait dû faire du théâtre. Il était impensable de lui en vouloir.

Elle était le centre d'intérêt de la famille, on essayait tous d'avoir ses faveurs. Autour d'elle, nous étions tous des perdants, car malgré ce que j'appelle aujourd'hui, sa folie, elle nous possédait tous et j'enviais sa force. Inconsciemment, subtilement, j'ai adopté plusieurs de ses techniques pour posséder mon entourage, tout en étant certain que je ne lui ressemblais pas. Comment aurais-je pu m'en tirer autrement? Il m'aurait fallu un père solide pour me protéger ou encore, simplement, un père attentif normal qui aide son fils à sortir du giron maternel. Mais, affublé d'un père à peu près inexistant et d'une mère abusive, ma vie d'homme s'annonçait mal.

Ma vie amoureuse a débuté dans un tourbillon passionné. Parfois, je pense que plus on est désespéré, plus on est passionné! La passion n'est pas un indice de grand amour, mes années de vie et mes années d'expérience thérapeutique m'auront appris cela. Mais à cette époque, mon cœur bondissait pour Céline une femme dynamique, intelligente et très tendre. C'était une femme solide, super compréhensive. Je savais que c'était une femme qui avait de la valeur et je l'admirais. Je l'ai courtisé avec les éclats de la passion, du suspense, de la peur au ventre. Des moments d'extrême extase entre nous, des nuits à parler de nous à la chandelle, des poèmes d'amour, suivis de ruptures inexplicables. J'avais besoin de réfléchir, affirmais-je. Céline ne comprenait pas. Ces mouvements contradictoires la projetaient dans la peur de me perdre. Elle cherchait ce qu'elle avait bien pu faire ou ce qu'elle n'avait pas fait pour que je disparaisse subitement. Puis, je réapparaissais et du même coup, je trouvais Céline extraordinaire et la magie se réinstallait entre nous. Nous avions du talent pour créer des moments inoubliables, ce que nous faisions avec une frénésie enviable. Nos amis assistaient à nos péripéties bouche bée, un peu ébahis, nous vivions le grand amour! L'illusion éblouissait tous et chacun.

Ma mère fut d'une jalousie incontrôlable, c'était la première fois que quelque chose de ma vie lui échappait et elle en était malade. Elle nous espionnait, nous surveillait pour nous surprendre. Elle voulait savoir si on faisait l'amour. Elle nous accusait de comploter contre elle, traitait Céline de putain et l'accusait de courir après son rejeton, cette perle rare. C'était incroyable. À sa façon, elle nourrissait le suspense. Bien sûr, elle est tombée malade une semaine avant les noces et nous a menacés de ne pas venir au mariage, pour finalement, le jour même clamer à tous vents qu'elle ne perdait pas un fils mais gagnait une fille. J'avais la sensation très désagréable d'être son yoyo.

Le mariage n'allait pas m'apporter la paix désirée, car si je quittais mes parents dans les faits par cet acte officiel, je portais en moi leur marque indélébile, une sorte de tache originelle. Je serais leur digne fils. Dès les premières heures de ma vie matrimoniale, je me suis senti prisonnier, coincé de toutes parts. J'avais choisi Céline pour sa force, j'avais besoin qu'elle soit solide et admirable, et en même temps, cela même m'était intolérable.

Les fantômes du passé s'emparaient de moi, sans crier gare et sans s'identifier. Ils entraient par plusieurs portes et j'étais tout à fait inconscient de leur présence. Je reconnais maintenant, que lorsque Céline arrivait de son travail, radieuse, excitée par une nouvelle trouvaille, je me sentais projeté dans le rôle du mari, faible et méprisable, comme l'était papa, je me sentais diminué, attaqué et je ruais. J'accusais Céline de se vanter, d'abuser de la situation, de m'humilier volontairement. À d'autres moments, j'étais aux prises avec des images de l'enfant impuissant entièrement dominé par sa mère. Dans ces moments-là, j'accusais Céline de me castrer, de contrôler, d'être autoritaire.

En même temps, les faiblesses de Céline étaient tout aussi troublantes. Je la voulais toujours belle, je l'aidais dans le choix de ses vêtements, je la voulais un peu sexée, femme. Elle était lunatique et oubliait un peu tout, ça m'horripilait. Ces moments-là, je me sentais projeté dans le rôle de ma mère qui fut si déçue des performances de papa. Si papa avait été un peu plus reluisant, maman aurait sûrement été un peu plus heureuse, voulais-je encore croire. J'avais très peur que les difficultés de ma femme m'entraînent à la mépriser, le couple parental me hantait et je suppliais désespérément Céline de faire plus attention, je trouvais qu'elle n'avait pas conscience du danger.

Après quelques années de ce régime, j'ai commencé à me sentir angoissé. Je me sentais pris. J'avais peur de devenir fou. J'étais au début de la trentaine, après trois changements d'orientation, je terminais finalement mes études de psychologue. Je travaillais très fort pour acquérir une clientèle. Je voulais réussir mieux que papa, mais je me sentais toujours inférieur à Céline. Je me sentais en dessous de la table, comme on dit. Cette lutte perpétuelle me stressait énormément.

C'est pourtant le début de ma pratique qui m'apporta enfin un peu de repos. Repos qui fut cependant de courte durée! Ma clientèle se composait presqu'exclusivement de femmes. Il m'était étrange de me retrouver dans le rôle du grand pour une fois. Je me sentais un peu gauche, je n'avais pas de modèles, sinon des modèles théoriques, j'y restais minutieusement collé. J'étais passablement normatif, j'avais certains principes thérapeutiques que je respectais à la lettre. Je me percevais assez froid et distant, ce qui était une partie de la réalité. J'étais assez bel homme et je savais naturellement charmer. Mes clientes tombaient presque toutes en amour avec moi, je trouvais cela normal et croyais que ça faisait partie du processus. D'ailleurs, je suis certain que la plupart des gens pensent cela. À quel point ce phénomène n'est-il pas entretenu par des thérapeutes complaisants que ces déclarations d'amour à répétition flattent et rassurent? J'ai des doutes maintenant. Je parlais beaucoup à Céline de toute cette affection distribuée sans compter par mes clientes. Ça me flattait. Il me venait quelquefois des images furtives désagréables que je tassais rapidement. Je voyais toutes ces clientes pendues à mon cou, mon regard devenant méprisant.

Durant l'été soixante-dix, je fis un stage de perfectionnement en Gestalt thérapie. La gestalt est une approche thérapeutique qui veut se démarquer de toutes les approches traditionnelles. Elle travaille dans le «ici et maintenant», c'est-à dire qu'elle élimine la notion de transfert de situations anciennes. Cette approche crée différentes techniques pour faire émerger les émotions et rendre le client plus conscient de ce qui se passe en lui. Durant ce stage, l'expression des sentiments était fortement valorisée ainsi que l'expression corporelle de toute sorte: tendresse, agressivité. C'était le *free for all*, un véritable bordel organisé. Après coup, tout cela apparaît un peu invraisemblable. Pour comprendre, il faut se reporter au contexte social de l'époque, c'était partout l'éclatement des valeurs de base de notre société québécoise: la religion, la famille, les tabous! C'était le mariage *open*, faites l'amour et non la guerre et soyez libres!

La profession n'a pas échappé à ce grand bouleversement. Je suis revenu de ce stage sonné, confus, mais avec le goût d'être plus authentique et d'innover. Il ne fallait pas rester dans les sentiers battus, dans nos carcans. Il fallait dépasser les normes, les interdits, nous en serions sûrement plus heureux. Si maman avait osé se séparer de mon père, aurait-elle été plus heureuse? J'allais devenir une sorte de messie ouvrant des portes vers de nouveaux horizons. Il m'est difficile de parler de cela sans être un peu sarcastique. Pourtant, à ce moment-là, j'étais extrêmement sincère et nous étions plusieurs à partager cette nouvelle façon de voir.

Pourquoi ai-je tant marché dans ce nouveau courant? J'étouffais de partout dans ma vie, mon enfance, mes conflits, mon mariage, mes impuissances, tout me pesait. Il fallait que j'éclate quelque part. L'angoisse commençait à me sortir par les pores de la peau, j'avais des démangeaisons et l'estomac me brûlait de plus en plus.

Je me souviens très bien de Françoise, elle a été la première. Françoise est venue me consulter parce qu'elle vivait avec un mari impuissant, un mari qu'elle adorait par ailleurs. Elle ne pouvait plus tolérer cette absence de relations sexuelles entre eux mais ne pouvait se décider à le laisser, leur entente étant si parfaite en dehors de cela. Elle souffrait, c'était évident. Elle vivait de plus en plus cette situation comme un rejet et se sentait dégoûtante. Sa confiance en elle s'était peu à peu détériorée. J'avais devant moi une femme de carrière, une femme intelligente et belle qui n'arrivait plus à profiter de ces cadeaux de la vie. À la fin de l'entrevue, elle me demande s'il y a quelque chose à faire pour elle. «Madame, vous êtes très désirable, nous en ferons la preuve s'il le faut!,» lui ai-je répondu de ma voix chaude, un peu rieuse. Elle ne pouvait savoir si j'étais sérieux. Moi non plus d'ailleurs. Je n'avais pas décidé de lui faire l'amour mais je croyais que ce serait sûrement un moyen de lui redonner confiance en elle.

Dès la deuxième entrevue, elle m'a dit qu'elle était fortement attirée par moi, qu'elle en avait été bouleversée toute la semaine. Elle avait très peur que je la rejette. Je crois que j'hésitais à plonger car j'ai opté pour que l'on parle de son désir, de ses fantasmes, je gagnais du temps. Finalement, plus on parlait, plus le désir s'installait, bien sûr. Il n'aurait pu en être autrement. Vers la cinquième entrevue, alors qu'elle avait passé une semaine spécialement difficile, je m'approchai et la pris dans mes bras pour la consoler. Je la désirais et j'étais convaincu qu'elle se sentirait mieux si je lui accordais ce qu'elle désirait. Je crois que cela faisait un peu de bien à mon ego écorché de penser que je représenterais, pour une femme, l'homme puissant capable de la rassurer sur sa capacité de plaire.

Dans la vie, les choses ne se passent pas comme au cinéma, ou comme on le voudrait. Françoise était une femme attachante, qui se donnait généreusement, au-delà de ses limites, elle avait tant de choses à se prouver, à me prouver. Car, bizarrement, même si je la désirais et que je lui faisais l'amour, on aurait dit qu'elle ne croyait toujours pas en elle. Il y avait des choses qui m'échappaient. Entre autres, je n'avais pas prévu qu'elle m'aimerait aussi passionnément, qu'elle s'accrocherait. Je suis devenu le centre de sa vie. Je lui avais déjà beaucoup donné, elle en voulait davantage. J'étais coincé. Je ne voulais pas me retrouver dans le rôle odieux de rompre, je ne voulais pas me sentir coupable de la rejeter car je savais que ce serait terrible pour elle, mais ça ne pouvait continuer ainsi. J'ai commencé à lui dire qu'elle devait maintenant se prendre en main, j'ai eu l'impression de la gifler. Elle ne s'est pas présentée à son rendez-vous suivant, je n'ai plus eu de nouvelles. J'étais soulagé et j'y ai très peu repensé. Je suis certain qu'on n'avait rien réglé, elle était tellement amoureuse de moi qu'il n'y avait plus moyen de travailler de toutes façons.

Puis, sans que je la vois venir, il y a eu Marie-Lou, étudiante en psychologie. C'est une histoire très différente car c'est carrément elle qui m'a séduit. Je crois que je lui en veux encore. J'ai vraiment eu l'impression d'être manipulé, de me faire avoir. C'était une fille pleine d'humour et de tours dans son sac. Une pirouette n'attendait pas l'autre, elle me divertissait et, l'air de rien, me mettait au défi. Elle semblait venir consulter plus par curiosité, parce qu'elle était en psychologie, que par véritable besoin. Elle me parlait de certaines difficultés qu'elle avait avec son chum, des difficultés normales quoi! Je me souviens maintenant qu'elle m'avait parlé d'un problème d'inceste vécu dans la tendre enfance mais tout cela semblait bien résorbé.

Elle s'est mise à me faire parler de moi, de mon couple, tranquillement, je l'ai davantage considérée comme une amie que comme une cliente. Je ne voulais pas tomber amoureux mais elle me dérangeait beaucoup. Elle m'accordait une attention très particulière. Puis, un soir, on s'est rencontré par hasard à la sortie du cinéma. Elle m'a invité à prendre une bière chez elle. Je savais ce qu'elle attendait de moi et je lui ai fait l'amour. Je n'avais pas du tout la sensation d'avoir le contrôle de la situation, je vous assure. Et aussi incroyable que cela puisse paraître, elle est revenue à son entrevue suivante et m'a plaqué là. Je l'avais déçue, disait-elle. Par la suite, j'ai entendu dire qu'elle m'en voulait beaucoup, je ne comprenais vraiment pas. Tout au long de la relation, elle avait eu le haut du pavé, de quoi se plaignait-elle? Je trouvais cela très injuste.

Avec toutes ces expériences, je me sentais devenir de plus en plus enragé. Je revivais avec mes amantes toute l'impuissance ressentie avec maman. Elles me demandaient des choses impossibles que j'essayais de leur donner et merde, elles n'étaient jamais contentes! Une en voulait davantage et l'autre osait dire que je l'avais déçue! Parallèlement, elles me faisaient sentir que j'étais le soleil de leur vie! Exactement comme avec maman. Plus j'essayais de la rendre heureuse, plus elle était malheureuse. Elle était toujours frustrée. Les femmes ne sont-elles que de grandes capricieuses qu'un homme ne pourra jamais satisfaire?

Je ne couchais pas avec toutes mes clientes, je pouvais, au besoin, leur exprimer de la tendresse, de l'affection, les prendre sur mes genoux, les bercer. Rien de mal en soi. Mais mes clientes extrapolaient à la vitesse de l'éclair! Je ne pouvais jamais répondre à leurs immenses besoins. J'avais l'impression de me retrouver devant un gouffre et de me retirer juste à temps. Ainsi tout compte fait, avec plus ou moins d'intensité ou de gravité, ces histoires finissaient toutes de façon un peu chaotique, la frustration me rejoignait un jour ou l'autre. L'une d'elles est allée jusqu'à la tentative de suicide. Certaines n'acceptaient vraiment pas la rupture, elles me harcelaient, il semble qu'elles oubliaient les bons moments que l'on avait eu ensemble. Je n'avais jamais réalisé que ces relations étaient, dès le départ, vouées à finir un jour.

Céline était en partie au courant de ce que je vivais avec mes clientes. Elle savait que j'acceptais de leur manifester l'affection dont elles avaient besoin. Elle ne disait rien, je la trouvais très forte et l'admirais, ce qui l'encourageais sûrement à se taire. Je ne comprends pas encore pourquoi elle s'est tu si longtemps. Par ailleurs, elle n'allait pas très bien. Elle se sentait déprimée, n'avait plus le goût de rien. Je lui parlais de toutes ces exigences infinies venant de mes clientes et je lui montrais combien j'étais patient avec elles et combien j'aurais voulu l'être encore plus. J'aurais voulu être sans limites. Elle trouvait que je prenais mon travail très à cœur. Je souffrais de plus en plus d'angoisses, je me réveillais la nuit tout en sueur, incapable de me rendormir.

J'avais de plus en plus peur. Le jour, cette peur disparaissait, j'étais en contact avec toutes les clientes qui m'aimaient, qui m'adulaient, me comblaient. Mais la nuit, toutes celles que je supposais en colère contre moi venaient me hanter. J'avais des cauchemars où je me sentais persécuté. Dans un de ces rêves qui revenait souvent, j'étais attaché à une croix et plusieurs personnes me lançaient des pierres. J'étais totalement impuissant. Céline avait peur que je craque.

Puis, j'ai reçu une plainte de la Corporation. Une cliente en colère avait fini par passer aux actes. Je savais parfaitement comment me défendre, ça faisait des nuits que je répétais ce scénario. Il ne s'était rien passé, la cliente prenait ses désirs pour des réalités, j'avais été très à l'écoute, je lui avais exprimé un peu de tendresse, rien d'érotique, de ma part tout au moins, mais elle en voulait davantage, ce qui était normal. Elle devrait apprendre à vivre avec sa frustration.

Tout cela est passé comme du beurre dans la poêle. Mais, je demeurais très en colère et insulté de cette plainte et la nuit, même après le jugement en ma faveur, je continuais à me défendre face à des fantômes. Je me sentais profondément victime et c'était moi que l'on accusait. C'en était trop. Je continuais à dorloter mes clientes, personne n'allait me dicter ma conduite, je m'entêtais. Je me croyais inattaquable, l'homme au-dessus de tout soupçon. J'en étais même à prédire à mes clientes qu'elles seraient en colère contre moi lors de la rupture. Elles ignoraient mon avertissement puisqu'elles se disaient bien avec moi. Parfois, je pensais que les femmes laissent leur intelligence à la porte quand elles aiment.

Observations:

Nous savons que Julien est sur la voie de guérison. Il faisait partie des thérapeutes qui ont peu de chances de se réhabiliter. Pour y arriver, il doit travailler aussi fort qu'un alcoolique. Intriguées, nous l'avons questionné sur ce qui avait provoqué le revirement.

«Un soir, je m'étais réfugié au sous-sol pour regarder un film et essayer de retrouver un semblant de paix. C'était un film sur les relations père-fils, le fils vivait nombre de déboires avec les filles, il s'enfonçait de plus en plus, gueulait contre les filles et ainsi de suite. Finalement, le père l'attrape et lui dit doucement, d'une voix vraiment très tendre: «Fiston, quand on en veut à tout le monde, tu sais, c'est qu'il y a quelque chose qui ne tourne pas rond, il vaut mieux à ce moment-là regarder en dedans qu'au dehors.» Le fils s'est jeté dans les bras de son père et s'est mis à pleurer.

«J'ai éclaté en sanglots, je ne pouvais plus m'arrêter, je chialais comme un bébé. J'avais besoin de mon père. Ce cri venait de loin, il venait du dedans, j'en étais sûr. Le lendemain, j'ai annulé tous mes engagements et j'ai dormi. J'ai dormi profondément pour la première fois depuis longtemps. Quelque chose en moi venait de lâcher, j'ignorais ce qui allait se passer mais je ne voulais plus vivre ainsi.

Ce fut le chaos, disons plutôt que le chaos existant à l'intérieur de moi est apparu à la surface, car il existait depuis déjà quelques temps. Je ne savais plus si je voulais continuer à vivre en couple, si je désirais toujours être thérapeute... j'avais l'impression que le tapis me glissait sous les pieds. Je me sentais partir à la dérive. Quelques réflexes de thérapeute me furent utiles, c'est un métier qui a ses bons côtés, à force de voir des gens en pleine tourmente, on arrive à saisir quelques balises.

«En dedans, tout se bousculait, je passais mon temps à me répéter: une chose à la fois. Quand on part à la dérive, ce n'est pas le temps de se demander si notre travail nous convient, il s'agit de se calmer suffisamment pour être en mesure d'apercevoir ce qui peut se présenter sur notre passage nous permettant de reprendre pied. C'est par l'humour que j'ai réussi cette opération. Il m'est revenu une anecdote que j'avais entendu raconter quelques jours plus tôt, je ne savais plus exactement qui avait eu ce bon mot et dans quelles circonstances, mais ça m'importait peu. Voici ce que j'en avais retenu: c'est à la guerre, dans les tranchées, des camarades viennent de vivre un combat meurtrier, plusieurs des leurs furent tués, d'autres blessés, chacun essaie de refaire surface, tout est tellement dramatique qu'il n'y a rien à dire, c'est le silence puis, un des hommes lance: si au moins il avait fait beau! Cette phrase a eu le don de me faire couper la dramatisation, j'ai regardé dehors, c'était d'un gris plat, j'ai souri. Demain serait encore là. Arrête de paniquer bonhomme, les choses ne sont pas pires qu'hier, tu n'as qu'à mettre un pied devant l'autre. J'étais tout de même très paniqué et je devais me parler fort pour m'empêcher de ne pas me couler moi-même.

«Je me voyais perdu dans la forêt, seul en pleine nuit, j'entendais les hiboux et les loups, il me semblait que je rapetissais à vue d'œil dans mon image. J'ai fait apparaître papa, assis sur une roche à côté de moi, il n'était guère plus brave que moi, il m'a souri et m'a dit: si au moins il faisait beau. Nous ne savions ni l'un ni l'autre comment s'en sortir, mais au moins, on était deux. Je m'accrochai très fort à cette image. Je savais que c'était avec papa que je devais m'en sortir, que c'est avec lui que je devais reprendre contact. Mes racines d'homme étaient là. Celui qui pouvait faire face à maman, était présent en moi. J'ai cherché mon père à travers un bon thérapeute. Enfin, quelqu'un m'aidait.

«Lentement, j'allais refaire le chemin. Jeune, j'aimais dessiner, griffonner. Cette idée me revint. J'ai acheté quelques fusains et une tablette à dessin. Je gribouillai une forêt, ma forêt. Puis des visages apparurent. Je cherchai longtemps les yeux et le sourire de papa, comme ils étaient loin.

«Je diminuai un peu mes heures de travail mais je devais continuer à gagner ma vie et il était trop tôt pour savoir si j'allais me réorienter. J'avais demandé à Céline un peu de temps. Je travaillais le jour, le soir je rentrais, je descendais au sous-sol et je dessinais. J'ai cessé d'avoir des rapports sexuels avec mes clientes, pas vraiment par conviction au début, mais plutôt parce que je ne voulais plus des rapports aussi compliqués. J'étais en train d'y laisser ma peau».

Quatrième partie

L'adaptation et la guérison

Des nouvelles, un an et demi plus tard

Il y a déjà un an et demi que les témoignages des clientes, présentés dans ce livre, nous ont été racontés. À ce moment-là, plusieurs d'entre elles étaient encore très perturbées par l'événement. Les séquelles étaient évidentes. Nous faisions l'hypothèse que les réunions tenues avec elles contribueraient à leur rétablissement ou, tout au moins, influenceraient leur adaptation. Il nous apparaissait intéressant de connaître les retombées des rencontres et le cheminement de chacune depuis ce temps. Aussi, les histoires étant rédigées, les textes pouvaient leur être remis et soumis à leurs réactions. Nous les avons donc réunies à nouveau. La lettre qui suit les invitait à la rencontre:

«Bonjour,

Tel qu'annoncé lors de notre contact téléphonique, voici l'ensemble des histoires qui feront partie de notre livre. Nous les soumettons à votre lecture afin que vous puissiez vérifier si l'anonymat y est bien protégé.

Cette lecture pourra vous faire réagir à plusieurs niveaux. D'une part, certains détails de votre histoire ont été modifiés, d'autres rajoutés ou retranchés. Ces changements sont souvent désagréables, parfois choquants, pour la personne. Nous sommes conscientes que cela vous demandera un détachement face à l'expérience vécue. D'autre part, comme vous le constaterez, chaque histoire est accompagnée de commentaires cliniques pouvant aider les lecteurs à saisir la problématique et ses conséquences. Pour ces commentaires, nous avons dû très souvent faire appel à des interprétations. Celles-ci pourront parfois vous sembler biaisées puisqu'elles devaient outrepasser l'information que vous nous aviez fournie; elles demeurent toutefois congruentes avec un processus thérapeutique hypothétique. Comme vous devez le savoir, nous avons dû favoriser la compréhension de l'ensemble des lecteurs en y sacrifiant à l'occasion l'intégrité de votre histoire personnelle.

Lors de la rencontre du 27 août prochain, il vous sera possible de nous transmettre les diverses réactions que vous aurez eues lors de votre lecture. Il ne faut toutefois pas vous attendre à ce que nous modifions les histoires sauf, bien sûr, dans les situations où vous jugeriez que l'anonymat est menacé. Bonne lecture!»

Ainsi, par un beau dimanche d'été, toutes celles que nous avons réussi à rejoindre (seule Marjolaine ne put être rejointe à temps), ont grâcieusement répondu à l'appel. À nouveau, elles prennent la parole pour nous faire part du chemin parcouru.

Rachel

Quand j'ai lu mon histoire, je me suis parfaitement reconnue. J'ai été touchée par un commentaire concernant les séquelles. Vous disiez que j'avais probablement été renforcée dans le fait de *m'organiser toute seule*. Je n'avais pas réalisé cela mais c'est très exact. Cette année, j'ai pris une année sabbatique. Pourquoi? Pour essayer de faire le point sur ma vie et de me regarder bien en face. C'est ce dont j'avais besoin lorsque je suis allée en thérapie avec Nicolas. Puisque ça n'a pas marché, j'ai décidé de le faire *seule*. Et ce fut très difficile. J'aurais eu besoin d'aide. Votre invitation à la relance a été très importante car souvent j'ai eu envie de vous appeler durant cette année de réflexion. Le fait de vous revoir et de sentir que vous êtes préoccupées de ce qui nous arrive, me facilitera la tâche.

Après la fin abrupte de ma thérapie, j'avais fini par réaliser que je me retrouvais dans un état d'épuisement physique et moral et je savais que je me jetais dans le travail pour m'étourdir. En prenant congé cette année, je suis allée au fond de moi et j'y ai perçu ma vie très différemment. J'ai accepté le fait d'avoir passé presque toute mon existence sans avoir été aimée. Les gens qui me côtoient sont dépendants de moi. J'ai de l'importance à leurs yeux parce que je leur apporte quelque chose. C'est difficile de réaliser cela. Présentement, mon père est vieux et malade. Lui qui fut si dur avec nous se retrouve comme un enfant. Il me fait pitié. De tous mes frères et sœurs, je suis la plus indulgente avec lui. Je ne lui en veux pas. Je suis incapable d'en vouloir à personne de toute façon.

Quant à Nicolas, mon ex-thérapeute/amant, j'ai eu besoin de le revoir. Au mois de mars, je l'ai appelé pour que l'on aille souper ensemble. Il m'a donné rendez-vous chez lui. Il s'attendait à une petite partie de plaisirs érotiques, comme dans le bon vieux temps. Il a été surpris lorsque je lui ai dit: «Ça, c'est fini!» Il m'a répondu qu'il ne voulait pas me forcer, mais il n'était pas content.

Au souper, je lui ai parlé de ma participation à votre livre sur les abus sexuels des thérapeutes. Il est devenu furieux: «Ce sont des féministes qui charrient. Elles ne tiennent pas compte de la personne humaine. Je suis un homme et j'ai droit à mes faiblesses!» Sur ce, il s'est mis à me raconter ses déboires amoureux. Il a étalé le récit de ses aventures et je me devais de constater que la plupart de ses femmes étaient de ses clientes. Il m'expliquait comment lui aussi souffrait et se retrouvait coincé dans toutes ces liaisons. À la fin du souper, comme je lui demandais de ne plus appeler chez nous, il m'a suppliée de ne plus le laisser si longtemps sans nouvelles. Je lui ai promis de le rappeler avant six mois.

Les mois ont passé et je n'avais plus envie de le voir. Cette promesse me pesait. J'ai finalement téléphoné pour tenir ma parole, mais le cœur n'y était pas. Je me suis sentie libérée de lui. Toutes ces démarches avaient servi à me prouver que j'étais maintenant capable de lui dire non et de décider de ce qu'il y aurait ou de ce qu'il n'y aurait pas entre nous.

Je suis contente d'être venue ici aujourd'hui. Il y a quelques personnes du groupe que je vais oser rappeler maintenant. Je ne veux plus rester aussi seule.

Observations:

À la fin de ses propos, Rachel a ajouté qu'elle ne voulait pas rejeter toute la responsabilité de ce qui était arrivé sur Nicolas. «Puisqu'elle était une adulte, elle aurait pu lui dire non», précise-t-elle. Cette réflexion, quoiqu'erronée, est très courante. La formule «entre deux adultes consentants» est fréquemment utilisée pour exonérer le thérapeute du blâme qui lui revient.

Pour nous faire saisir ce que cette affirmation comporte de faux, reportons-nous à la relation père/fille. Un père pourrait-il dire: «Puisque ma fille est maintenant une adulte, je peux lui faire des avances sexuelles ou encore céder à ses avances, elle est en mesure de décider de ce qu'elle veut faire.» Le thérapeute, tout comme le père, n'est jamais dégagé des responsabilités propres à la relation thérapeutique. Plusieurs clientes trouvent difficile de remettre au thérapeute les torts qui lui reviennent.

Partager la responsabilité, c'est avoir encore quelque chose en commun avec le thérapeute. Par ce mécanisme, la cliente se protège en évitant de ressentir une solitude encore plus grande. Si Rachel osait dire à Nicolas: «Quoique tu dises, tu m'as fait du tort et si tu m'aimes comme tu le dis, tu devrais penser à des moyens pour réparer le mal que tu m'as fait, plutôt que de te plaindre et penser encore à toi», je crois que Nicolas trouverait cela moins drôle et ne lui demanderait pas de le rappeler sans faute. Le lien, entretenu par une certaine complicité dans la faute, serait brisé.

Pour Rachel, il semble tentant de partager le poids d'une faute qui ne lui appartient pas. Nous pouvons faire l'hypothèse qu'elle fait cela ailleurs dans sa vie. Cette attitude lui évite certainement d'exprimer de la colère et de mettre certaines limites à sa bonté. De cette façon, personne ne peut lui exprimer du ressentiment. Ce comportement lui permet de maintenir une harmonie illusoire et d'avoir ainsi l'impression de fuir la solitude. Cependant, à la longue, c'est elle qui paie la note de ses amours sans limite.

Estelle

Selon votre histoire, il y a tout un côté de ma personnalité que vous n'avez pas saisi. Tout au long de mon expérience avec le Dr Richer, je me suis sentie le bourreau. J'étais la méchante et le docteur était ma victime. C'était moi qui lui avait fait faire un accroc, qui l'avait fait trébucher. C'est pour cela que je lui envoyais des lettres m'accusant de tous les torts. Je voulais le garantir contre toutes poursuites éventuelles de ma part. Dans la même veine, je ne voulais pas que sa femme apprenne notre aventure parce que je ne voulais pas lui faire de la peine et je ne voulais surtout pas leur faire de tort.

Aussi, ma tentative de suicide est mal expliquée. Deux motifs m'ont amenée à vouloir en finir avec la vie. D'une part, le Dr Richer sous-entendait que je soutirais de l'argent de mon assurance personnelle à laquelle je n'avais pas droit. À mots couverts, il m'accusait de vol. Je ne pouvais accepter que cet homme qui me recevait déjà depuis plus d'un an dans son bureau puisse si mal me connaître et croire que je pouvais être malhonnête à travers les remboursements d'assurance. D'autre part, le Dr Richer ne recevait plus ses clientes privées à l'hôpital, endroit où il m'accueillait jusqu'à ce jour. Il ouvrait un bureau privé. Il avait alors une liste d'attente de quelques mois; je ne pouvais imaginer être abandonnée si longtemps, je préférais mourir. Je n'en pouvais plus. Voilà ce qui m'a amenée à vouloir en finir avec la vie.

Le Dr Richer était vraiment incompétent. Un bon thérapeute, je ne sais pas si c'est une perle rare, mais je sais que c'est une perle. Je suis en thérapie depuis quelques mois et je vis maintenant le soulagement d'avoir un thérapeute qui travaille. Enfin, je ne suis plus seule et j'ai la certitude que je vais m'en sortir. Je sais cependant que ce sera très long.

Il y a un an et demi, les rencontres avec vous m'ont permis de voir le Dr Richer dans la «gang» des thérapeutes et de me voir parmi les clientes. J'ai pu alors me recentrer sur moi. La thérapie n'avait pas été mon seul échec et je devais faire quelque chose pour arrêter ce cercle vicieux. Les rencontres m'avaient aussi amenée à penser qu'il existait des thérapeutes compétents. C'est ainsi que je me suis mise à la recherche de mon thérapeute actuel. Dans cette démarche, j'ai rencontré deux autres thérapeutes. Le premier ne m'inspirait pas confiance, le deuxième prônait qu'en thérapie nous sommes deux adultes et que dans cette optique il n'y a pas de problème au rapprochement sexuel si les deux le souhaitent. Pas besoin de vous dire que je ne me suis pas présentée au deuxième rendez-vous. Et enfin, le troisième est selon moi digne de confiance et je sais ce dont je parle.

J'ai encore des problèmes respiratoires mais ils ont diminué de moitié. Avant, j'étais toujours malade. Mon asthme et de multiples infections me gardaient à la maison plusieurs jours par année. Dans les derniers mois, je n'ai pas utilisé tous mes jours de maladie, c'est une première pour moi. Je fais de gros progrès.

Il n'est pas étonnant que j'aie des problèmes de respiration car j'ai la sensation de toujours être enfermée dans une bulle de verre. Je n'arrive pas à rejoindre personne ni à me laisser atteindre par l'affection que mes amies me portent. On dirait qu'il m'est impossible de ressentir de la joie, de la peine ou de la colère. C'est cela que je travaille en thérapie. Je m'applique beaucoup et présentement je consacre une bonne dose de mes énergies à cette thérapie. J'écris de longues lettres à mon thérapeute sur tout ce que je pense et que je n'arrive pas à lui dire. Par ses interventions, je me rends compte qu'il lit attentivement ce déversement de mots et j'en suis toujours étonnée. J'ai l'impression que je lui demande énormément d'attention et de temps et j'en suis gênée. J'ai hâte d'être moins en besoin. Je n'aime pas déranger mais pour le moment, je n'ai pas le choix.

Observations:

Estelle nous semble sur la bonne voie et la certitude de s'en sortir lui fait briller les yeux. Elle était toute excitée à l'idée de nous revoir mais cette joie fut atténuée par les multiples peurs qui l'ont habitée lors de cette journée. Elle avait peur de nous décevoir, peur que son histoire soit moins intéressante que celle des autres, peur que son thérapeute actuel désapprouve sa démarche et, finalement, peur de ressentir des émotions face au Dr Richer, cette expérience n'étant pas encore liquidée. Elle s'est donc sentie stressée et souvent mal à l'aise tout au cours de cette journée.

C'est dans une lettre reçue quelques jours après la rencontre qu'elle nous communique ce vécu. C'est très précieux car au lieu de se percevoir froide et stressée sans raison, elle commence à découvrir qu'elle a toutes sortes de peurs intériorisées qui justifient son comportement. Pour le moment, l'écriture lui permet de sortir de son silence et de laisser émerger une vie secrète jusqu'à ce jour. Par ce moyen d'expression, Estelle travaille à son adaptation.

Durant la journée, Estelle a eu de la difficulté à se centrer sur sa relation au Dr Richer. Elle voulait plutôt nous parler de sa thérapie actuelle et du travail qu'elle y fait. Elle a réalisé que le Dr Richer n'était pas son premier échec et qu'il est simplement venu enrichir un contenu déjà bien lourd. Avec son nouveau thérapeute, elle retourne aux sources. De cette façon, sa relation au Dr Richer n'est pas très présente actuellement, elle s'en occupera en temps et lieux, c'est-à-dire, quand ce sera bien pour elle. Cette rencontre devenait donc un peu dérangeante pour Estelle. Nous comprenons cependant qu'elle ait tout de même tenu à y assister puisque sa participation à la recherche et à ce groupe de rencontre lui ont permis de redémarrer.

Fabienne

Il me semble que je n'ai rien à dire. La vie continue et je n'ai pas tellement envie de me replonger dans cette vieille histoire. Sauf que, disons qu'un curieux hasard a fait que quelques semaines après la dernière rencontre, sœur St-Gabriel m'a téléphonée. Ça faisait des années que j'essayais de la recontacter et voilà qu'elle se montre le bout du nez. Ce contact téléphonique m'a beaucoup déçue. Quelque chose s'est brisé en moi. Pourquoi cette sensation?

Au téléphone, j'ai sentie que cette religieuse n'était pas du tout conforme à l'image idéalisée que j'avais gardée d'elle. J'ai senti ses limites et ses insécurités. Sa voix enthousiaste sonnait faux. C'était de la peur que je percevais. Nos horaires respectifs étaient trop chargés pour que l'on parvienne à se donner rendez-vous et l'on s'est dit que l'on se rappelerait. Je savais que, tout au moins de mon côté, ce rendez-vous n'aurait jamais lieu.

Ce qui est difficile à admettre dans cela, c'est que si sœur St-Gabriel n'était pas si merveilleuse que j'avais bien voulu le croire, je devais accepter également que je ne correspondais pas non plus à la haute image que cette dernière avait fait miroiter pour moi. La jeune étudiante intelligente et pleine de dynamisme, choisie entre toutes pour être aimée, ce n'était pas moi, ce n'était pas la réalité. Je n'ai pas aimé relire mon histoire car je sens tout ce porte-à-faux qui s'y glisse. Une sorte d'inflation qui s'insinue un peu partout. Je me sens en colère contre sœur St-Gabriel et je ne referai aucune démarche pour la revoir. Si jamais nos chemins se croisaient à nouveau, je serais froide et brève. Je n'ai plus rien à lui dire et je ne veux rien savoir d'elle.

Je trouve qu'il a été très ardu de reconnaître la vérité et la réalité, et de démasquer les illusions. Car les mensonges sont tissés à même des fils de vérité. Démêler tout cela fut un travail de moine. Par exemple, me valoriser en affirmant que je suis intelligente et dynamique comme l'a fait sœur St-Gabriel, est une vérité déguisée ou si incomplète qu'elle frôle le mensonge. J'étais et je suis toujours quelqu'un d'intelligent et de dynamique, mais j'étais aussi une adolescente complexée, souffrant de rejet et manquant de confiance dans sa capacité de se faire aimer. Ces deux aspects de ma réalité ne doivent pas être décollés l'un de l'autre pour que je m'y reconnaisse. Ne voir que l'aspect positif de ma personnalité m'a fait flotter dans les airs en me prenant pour une autre et pour une invincible. Nécessairement, l'aspect plus négatif surgissait à son tour puisqu'il existe aussi et cela entraînait des moments de découragement et de déprime. De l'invincible, je passais à des sentiments d'incompétence et de grande vulnérabilité. La honte et le sentiment d'être inexistante prenaient place. En apprenant à garder en moi mes bons et mes mauvais côtés, je découvre une solidité qui m'était inconnue.

Observations:

Avec l'histoire de Fabienne, on constate l'importance d'être souple dans nos recommandations auprès des victimes et de les accompagner dans leur cheminement tel qu'il se présente pour chacune d'elle. Quelqu'un de l'extérieur, ayant de bonnes intentions, aurait pu vouloir convaincre Fabienne de ne pas tenter de revoir sœur St-Gabriel. Pourtant, c'est à travers ce contact, recherché depuis longtemps, qu'enfin Fabienne démythifie la religieuse de ses jeunes années.

Prendre conscience de la perte des illusions permet l'émergence d'émotions jusque-là inaccessibles. Dans l'histoire de l'an dernier, il n'y avait aucune trace d'agressivité chez Fabienne. Au contraire, elle semblait assez bien comprendre son vécu et même celui de sœur St-Gabriel. Tout semblait bien assimilé. Avec la désillusion, il y a un revirement. Nous pouvons supposer que l'apparition de telles déceptions accompagnées de sentiments plus agressifs existeront dans d'autres domaines de la vie de Fabienne. De telles découvertes se font rarement seules. L'avenir pourrait nous présenter une Fabienne plus affirmée et plus confiante en elle.

Sarah

Sarah était en convalescence chez sa mère lorsqu'on l'a rejointe. Après s'être sentie psychologiquement prisonnière dans un vestibule de verre durant plusieurs mois, elle s'est retrouvée physiquement paralysée. Incapable de marcher, elle a dû subir une grave opération à la colonne. Cette maladie la força à devenir le nourrisson qu'elle n'a jamais été. Elle accepta enfin que l'on prenne soin d'elle. Mais n'allons pas trop vite, Sarah a des tonnes de choses à nous raconter. C'est en larmes qu'elle a lu notre envoi et aujourd'hui, elle est prête à nous raconter la suite.

Après mes rencontres avec vous, j'ai réalisé que si je voulais m'en sortir, je devais retourner en thérapie. Cette décision était capitale. Si j'étais demeurée dans la colère qui m'habitait, je crois que je serais aujourd'hui en chaise roulante. Je n'aurais pas eu l'énergie et le désir de me battre pour retrouver la santé. Cette rencontre a été déterminante.

J'ai magasiné les thérapeutes. C'est au bout de cinq essais que j'ai trouvé une femme thérapeute qui m'inspirait confiance et que j'admirais. Pour les autres, je suis tombée sur un thérapeute qui ne voyait pas ce qu'il y avait incorrect dans ce que je lui racontais, un autre, figé, qui finit par dire: «Ça se fait beaucoup», une femme trop occupée et une dernière pétrifiée par une telle histoire.

Très rapidement, je décide que je vends mon condo. Alors que ce domicile me ruinait, sa vente m'a fait faire fortune. De pauvre, je suis devenue à l'aise. Je reprenais du poil de la bête. Après des mois de silence, Samuel, mon thérapeute, a repris contact. Heureusement que je suis en thérapie, car je me serais encore une fois écroulée. Cet homme avait l'art de me démolir. Il est venu me chercher parce que sa femme venait de le quitter. Incapable de vivre seul, il avait besoin de moi. Mais, il voulait me maintenir dans la clandestinité. Libre, il ne m'offrait pas encore l'amour que je lui demandais, il en était tout à fait incapable. Jeune, il avait surpris le curé en train de sauter la bonne dans le pâturage et je crois qu'il était resté fixé à cette image de l'amour. Je lui en ai voulu à mort, j'ai voulu le tuer. Il est parti en claquant la porte.

Après vous avoir rencontrées, j'avais aussi saisi que le secret maintenait la prison. J'ai donc décidé de parler. À un vernissage, je dis à un ami: «Regarde, l'homme qui m'en fait baver depuis quatre ans, c'est lui là-bas!» Il me répond: «Mais c'est un baiseur de patientes!» Je m'en étais toujours doutée, j'en avais la preuve. Par la suite, il m'a présentée à une de ses amies avocate qui avait été aussi la victime de Samuel. Cette femme était encore très enragée contre Samuel, pourtant l'abus avait eu lieu quatorze ans plus tôt. Ensemble, nous avons pensé poursuivre. J'ai téléphoné au Syndic. Il disait qu'effectivement notre plainte serait entendue et que Samuel écoperait de six mois de suspension. Je trouvais qu'il s'en tirerait à bon compte. Est-ce que ça valait la peine de se donner tant de mal?

Une autre façon possible de déranger Samuel dans ses pratiques clandestines aurait été de rendre la cause publique. Il ne faut pas oublier que c'est un psychiatre très en vue. Mais pour que la poursuite soit publiée, il fallait que nos noms aussi soient connus au grand jour. Cette avocate et moi avons des professions et une réputation à protéger. Même si nous ne sommes pas fautives, il est difficile de s'afficher comme «une personne que l'on peut exploiter». Nous avons donc laissé tomber.

Mais j'ai continué à parler. J'ai informé la sœur de Samuel des actes de son frère. J'ai aussi parlé de mon enfance avec mon père et ma mère. J'avais besoin de vérité. Puis vint la maladie. Du jour au lendemain, toutes mes énergies se sont retrouvé concentrées sur ma douleur. Je n'étais plus une personne autonome et j'avais besoin d'aide. Pour mon plus grand bien, ce que j'avais toujours fui était maintenant inévitable.

C'est ma sœur, celle qui avait tant souffert de ma présence étant donné mon lien étroit avec papa, qui est venue à mon secours. Elle est venue me chercher et a convaincu ma mère de prendre soin de moi. J'ai compris que si ma mère hésitait, ce n'était pas par méchanceté mais par insécurité. Elle avait très peur de ne pas être à la hauteur. Pourtant, elle fut merveilleuse. Sur ma table de petit déjeuner, je trouvais des fleurs qu'elle avait cueillies pour moi quand ce n'était pas des fraises bien protégées par une fine nappe de dentelle. Elle a pris soin de moi comme d'un bébé. Elle devait laver mon linge, me laver les pieds, me faire les ongles d'orteil, etc. Je me suis laissée faire, j'ai accepté de recevoir son affection. C'était la première fois en quarante-cinq ans que j'avais une mère.

Ce maternage a été une deuxième naissance. Mon mépris et ma méfiance se sont envolés. Je sens que j'ai une deuxième chance. Ma santé semble bien se rétablir et je viens de décrocher un nouveau travail très stimulant. Je change de ville. Je recommence.

Je vais bien et je suis contente de venir vous le dire car vous en êtes en partie responsables. Si j'apprenais qu'une de mes amies vit des relations sexuelles avec son thérapeute, je lui dirais: «Sauve-toi au plus vite, tu vas te faire bobo!» C'est vraiment aimer quelqu'un qui nous fait du mal.

Observations:

L'histoire de Sarah parle d'elle-même. Le bout de chemin parcouru a été très thérapeutique. Sarah demeure la même fille théâtrale et spectaculaire. Cependant, son contact s'est profondément transformé. La détresse, sous forme d'auto-destruction et de dépression, a disparu. Une certaine harmonie a pris la place.

Revenons à son amie avocate qui rage encore après quatorze ans, la rage de l'enfant désillusionné qui n'a reçu ni compassion ni compréhension. Pourquoi était-elle allée consulter à ce moment-là? L'histoire ne le dit pas, mais l'enfant à la recherche d'un amour sécurisant devait être au rendez-vous. Le sentiment de rage qui habite cette amie nous indique que la page n'est pas tournée, ni sur la thérapie, ni sur son enfance. Cette femme a un chemin à découvrir pour se libérer de ce sentiment désagréable et de son impuissance. Elle ne peut faire en sorte que cet événement, ni ceux qui l'ont précédé, soient effacés de sa vie mais elle peut retrouver toutes sortes d'issues pour agir et se sentir digne d'amour. Comme avocate, elle aide sûrement bon nombre de gens à passer à l'action pour se faire respecter.

Une autre observation inspirée des propos de Sarah a trait aux plaintes. Nous constatons qu'aucune des clientes du groupe n'a porté plainte. Pourtant, il est reconnu que ce geste accélère l'adaptation. Sarah fut la plus tentée par cette action et pourtant elle en minimise l'impact. Rappelons-nous que les thérapeutes sont des humains. En cette qualité, ils sont comme nous. Recevoir une plainte ébranle tout le système de valeurs de l'individu. Une simple contravention nous fait ralentir notre allure sur les routes pour quelques mois! Quelle que soit la sévérité de la punition écopée, celle-ci aura un effet. Si on en est conscient, pourquoi alors ne pas porter plainte? La cliente a-t-elle peur d'avoir à faire la preuve qu'elle n'est pas folle, qu'elle n'a pas tout inventé, etc.? Faudrait-il trouver des moyens pour faciliter cette démarche reconnue, en principe, comme salutaire à la cliente? Dans les problématiques connexes d'abus sexuels, on commence à protéger davantage la victime en lui évitant par exemple de s'expliquer devant l'agresseur, de publier son identité, etc. Que peuvent faire les corporations professionnelles à cet égard? Il reste du travail à faire dans ce domaine.

Marc-André

J'ai été agréablement surpris de voir que vous aviez si bien démêlé mes nombreuses relations avec les femmes. J'avais l'impression d'avoir été assez confus. J'ai réagi au terme abus sexuel. J'ai de la difficulté à réaliser que j'ai été abusé et à me percevoir ainsi. Pourtant, quand je lis les autres histoires, c'est clair. Les hommes sont sûrement abusés eux aussi, mais c'est difficile à admettre.

Laura ne fait plus partie de mes préoccupations même si elle m'a rappelé à deux reprises. Je n'ai plus la même attirance pour elle. Je reconnais qu'elle m'a mis sur le chemin de la misère et qu'elle m'a fait perdre un gros deux ans de ma vie: l'année que j'ai été avec elle en thérapie et la première année de mon autre thérapie où j'ai parlé d'elle sans arrêt. Durant l'année qui vient de passer, j'ai continué ma démarche avec ma seconde thérapeute et j'ai travaillé très fort. Enfin, j'ai travaillé sur moi, ce qui serait arrivé deux ans plus tôt n'eut été de Laura.

Je réalise que mon problème tourne autour du rejet. J'ai une peur terrible du rejet et c'est ce que j'ai ressenti avec ma femme. Je sens que je l'aime encore. Je ne comprends pas. Il me reste des découvertes à faire autour de ce thème.

Ma vie concrète s'est sensiblement modifiée depuis un an et

demi. Je fais attention à ma santé. J'ai arrêté de m'étourdir. Je suis souvent seul. J'ai restreint le cercle d'amis. Je trouve difficile d'avoir toujours à animer seul mes moments de loisirs mais dans l'ensemble, je me sens mieux. Je mène une vie plus «clean». Je me sens libéré de la commande intérieure: «Faut que j'aille me chercher une femme.» Cette recherche de femmes se faisait en cachette et m'entraînait dans une vie de mensonge, de tricherie et de stratégies à n'en plus finir. J'ai découvert la franchise et j'en ai mis dans ma vie. Je suis plus paisible. Toute cette démarche est longue mais ça n'a pas de prix.

Présentement, je vois ma fille qui investit avec un gars qui ressemble à celui que j'ai été. Il lui accorde très peu de temps et court plusieurs lièvres à la fois. J'en souffre.

Observations:

La présence de Marc-André soulève dans le groupe toute la discussion sur les différences homme/femme. Sarah ouvre le feu en demandant à Marc-André si les hommes sont capables de fidélité et d'attachement. L'attaque est directe. Les hommes ont-ils plus de difficulté à aimer que les femmes? Est-ce pour cela qu'il y a plus d'hommes thérapeutes fautifs? Les comparaisons de ce type entraînent souvent des jugements à l'emporte-pièce. Disons plutôt que plusieurs, parmi les femmes présentes nous y compris, pourraient facilement se joindre à Marc-André pour chanter le refrain de Gilles Vigneault: «Qu'il est difficile d'aimer!» La difficulté d'aimer n'appartient pas qu'aux hommes.

Parvenir à vivre une relation amoureuse adulte n'est pas chose facile. On n'y accède souvent qu'à un âge avancé et cela après bien des balbutiements, tâtonnements, essais et erreurs. Certains décident, après un essai infructueux, de travailler à vivre en harmonie avec eux-mêmes avant de se frotter à nouveau à une relation intime. D'autres s'installent à deux dans un amour plutôt infantile et c'est à travers l'école de vie qu'est le quotidien, qu'ils apprennent courageusement à exister et à gérer leurs différences. Ils évoluent comme individus distincts l'un de l'autre, prennent chacun de la force dans leur sentiment de sécurité interne et la relation prend de la maturité. Après plusieurs relations avortées, Marc-André vit en retrait depuis l'an dernier et s'apprivoise lui-même.

Une relation mature et adulte devient le résultat d'un long travail et suppose une première démarche d'identification comme celle qu'effectue Marc-André. C'est ce rapport, entre l'identité très personnelle de chacun des partenaires et la mutualité, qui est si complexe dans la vie amoureuse. Judith Viorst (1989, p. 64), dans son livre intitulé *Les renoncements nécessaires: Tout ce qu'il faut abandonner en route pour devenir un adulte*, dit: «C"est à travers l'amour, l'amour ordinaire, terrestre, humain, que nous réconcilions unicité et séparation», ces deux besoins fondamentaux. Autant Marc-André a besoin d'éprouver le sentiment d'être quelqu'un, d'être un individu digne d'amour et de respect, un individu à part entière, séparé des autres, autant il a besoin de se fondre dans l'autre et de vivre des moments d'abandon où il disparaît dans les bras de l'autre. La capacité de vivre tour à tour ces deux états sans être trop angoissé le met sur le chemin pour vivre une relation d'intimité satisfaisante.

En cours de route, des difficultés apparaissent. Parmi ces difficultés, se retrouvent l'indépendance obligatoire et la dépendance à outrance. Dans ce contexte, on peut dire que l'indépendance est aux hommes ce que la dépendance est aux femmes. Il y a plusieurs hommes qui manifestent leur difficulté d'aimer en s'impliquant peu dans leurs relations amoureuses et paternelles ou en continuant de faire une vie de célibataire tout en étant supposément engagé avec une femme. Mais les hommes n'ont pas le monopole de ce symptôme. Parallèlement, plusieurs femmes manifestent leur difficulté d'aimer en s'accrochant à un homme ou à leurs enfants et se soucient peu de leur propre épanouissement personnel. Leur recherche de sécurité intérieure est transférée sur le partenaire. L'indépendance et la dépendance sont, de cette façon, deux pôles d'un même problème.

Marc-André a repris sa recherche personnelle autour de toute cette problématique sur la quête d'identité et d'unicité. Il a été détourné de son chemin durant deux ans, mais il est revenu au point de départ. Nous le sentons impliqué dans sa démarche. L'inquiétude que nous avions soulevée au sujet de sa nouvelle thérapeute s'est avérée inexacte. Nous craignions qu'il se retrouve coincé en ayant pour seconde thérapeute une personne référée par Laura. Cette nouvelle thérapeute n'entretient pas de relation d'amitié avec Laura et semble faire son boulot très consciencieusement. Il y a toujours des exceptions. Nous maintenons tout de même notre mise en garde pour d'autres situations semblables car si jamais la nouvelle thérapeute avait mieux connu Laura, il aurait été facile d'imaginer qu'elle puisse vivre un conflit d'intérêts. Dans ce cas, c'est nul autre que Marc-André qui aurait été victime de cette situation.

Isabelle

Isabelle arrive la deuxième à la rencontre. Elle est préoccupée et nous fait part rapidement de ses inquiétudes: «Ça m'a donné un choc de voir le nom que vous m'aviez attribué croyant bien me déguiser! Chez les religieuses, je portais ce nom-là. Tout à coup j'ai eu très peur, je me suis dit que tout le monde me reconnaîtrait et saurait qu'il s'agissait de moi. Est-ce possible de le changer?» Un hasard ou un de ces tours que seul l'inconscient peut jouer nous avait amenées à choisir comme nom d'emprunt celui qu'Isabelle avait porté durant sa vie religieuse. Peu importe l'origine de cette erreur, nous avons accédé à sa demande, d'autant plus qu'un des objectifs de cette rencontre était d'assurer leur anonymat.

Après le premier choc du nom, j'ai lu attentivement mon histoire et je l'ai trouvée «plate». Tous les faits sont là, je reconnais le déroulement de cette période de ma vie mais ma fougue n'y est pas. Quand j'ai vécu cette relation amoureuse avec mon thérapeute, il faut voir combien j'étais emflammée dans tous les sens du terme. On se faisait l'amour et on se faisait la guerre. Je me souviens du matin où j'ai inventé une histoire de porte fermée pour expliquer mon œil au beurre noir sans compter les chemises que je lui ai déchirées sur le dos et les marques d'égratignures qui s'en suivaient.

Isabelle est effectivement très colorée et il est facile de l'imaginer dans toute sa perspective. Elle est à la fois, racée, énergique, fulgurante ou alors défaite, écrasée, au bord du suicide. Une femme désespérée ou assoiffée de vie, elle est entière.

Il fallait me voir au moment de cette aventure. Personne au monde n'aurait réussi à me faire admettre que je me faisais abuser. Ce n'est qu'au moment de nos rencontres, il y a un an et demi, que j'ai commencé à comprendre l'abus de Gilles mon thérapeute. Cette expérience datait de plusieurs années et je l'avais soigneusement enfermée dans un classeur pour événements contrôlés comme vous le mentionnez dans le texte. Le fait de raconter mon histoire et d'entendre celle des autres a eu pour conséquences de remettre à Gilles sa part du gâteau. Par la suite, j'ai pu reclasser l'histoire et fermer le tiroir mais cette fois avec la sensation qu'elle était à sa place et allégée de sa culpabilité.

Dans mon travail d'infirmière, je côtoie quotidiennement les patients. Je dois vous avouer que je suis maintenant plus sensible à la distance professionnelle et à mon pouvoir comme personne responsable. Je suis plus consciente de l'effet que je peux avoir sur les patients. Quelquefois, j'y repense par deux fois avant d'agir, car j'essaie de saisir ce qui serait le plus adéquat pour le patient. Je tente de voir «l'intention thérapeutique» et je succombe moins facilement à un certain favoritisme.

Aujourd'hui je n'y pense plus, si ce n'est qu'il m'est arrivé à quelques occasions de me demander ce qu'il advenait de votre livre. Je suis venue à cette rencontre par plaisir. Je souhaitais revoir ces personnes avec lesquelles j'avais partagé une expérience de vie qui nous était commune. Je voulais savoir comment elles s'en tiraient, avoir de leurs nouvelles. De plus, au courant de l'année dernière, j'aurais souhaité rappeler Rachel mais je n'osais pas; c'est une occasion pour reprendre contact avec elle et j'en suis très contente.

Observations:

Isabelle, dans ses réactions, illustre clairement que l'adaptation est un processus qui se déroule dans le temps et selon différentes étapes. Elle avait réussi jusqu'à un certain point à traverser l'épreuve de la séparation d'avec son thérapeute ne comprenant qu'à demi ce qui lui était arrivé. Elle avait repris sa vie en main et développait une autre relation de couple satisfaisante. Pourtant l'annonce de la recherche dans les médias et la demande de clientes volontaires ayant vécu une relation d'intimité sexuelle avec un thérapeute l'ont séduite.

Une autre étape de l'adaptation s'amorçait. Isabelle désirait comprendre davantage cette expérience et y jeter un peu plus de lumière. Un peu tendue et nerveuse, elle craignait de se retrouver au cœur de la dévastation vécue suite à la rupture d'avec le père Gilles. Avec prudence et sagesse, elle nous a relaté son expérience mais sans y mettre sa fougue qui aurait risqué de la précipiter trop rapidement dans l'émotion. Elle s'attribuait en grande partie la responsabilité de leur relation amoureuse et se vivait plus comme l'agresseur que comme la victime. Il n'y avait pas eu d'abus selon elle. En même temps, elle sentait confusément qu'une partie de la réalité lui échappait. Alors qu'au milieu de sa romance, elle aurait été imperméable à toutes suggestions, maintenant elle était prête à écouter.

Un an et demi après, elle est là souriante, dégagée pouvant à la fois en parler avec détachement ou avec fougue. Cet événement traumatique qui a bouleversé sa vie est maintenant rangé et fait partie du répertoire l'aidant à comprendre ce qu'elle appelle la pâte humaine.

Le parallèle que fait Isabelle avec son métier d'infirmière est juste et il serait intéressant de l'étendre à d'autres professions équivalentes. Nous croyons qu'il est préférable de bien conserver la frontière professionnelle, qu'il s'agisse d'un professeur, d'un bénévole auprès d'enfants malades ou d'un superviseur. À part quelques exceptions, les attentes d'un élève, d'un enfant, ou d'un supervisé peuvent facilement dépasser celles de la personne responsable. Et qui sera déçu et blessé, pensez-vous? Il y a bien des chances pour que ce soit le plus petit, comme on dit. Vaut mieux être prudent avant de s'aventurer sur ces chemins.

Sophie

Où en suis-je un an et demi plus tard? Ma dernière et seule vraie thérapie est terminée depuis un an. Je me suis mariée et donc engagée librement avec un homme que j'aime et qui partage mes hauts et mes bas. D'une certaine façon, j'ai fait la paix avec la gente masculine. Je me suis réhabilitée à mes yeux en terminant un doctorat dont je suis fière. Une réussite intellectuelle était selon mes croyances personnelles le panache des hommes et de ce fait inaccessible pour moi. Je vais vous éviter le récit de tous les actes manqués que j'ai faits pour me décourager de finir cette thèse et ainsi me prouver ma valeur propre. J'en aurais pour des heures. Malgré tous mes déboires, j'ai réussi et j'en suis fière.

Lors de nos rencontres précédentes, le dévoilement de l'abus de mes deux thérapeutes m'a apporté un grand soulagement: d'autres personnes partageaient mon secret qui, de ce fait, n'en était plus un. J'ai alors décidé d'affronter une autre réalité secrète de ma vie, celle du viol subi à huit ans. Seuls mes parents étaient au courant et je devais encore subir occasionnellement des rencontres avec cet homme qui demeurait dans le giron familial. Je continuais à me sentir victime de ses regards insidieux et je n'appréciais pas du tout qu'il adresse la parole à ma fille aînée. J'évitais donc de plus en plus les grands rassemblements de famille et les occasions comme les salons mortuaires. Au cours de l'année, j'ai rencontré individuellement mes frères et sœurs. Je les ai informés de ma décision de ne plus être là dans ces occasions de rencontre possible avec cet homme et du motif de mon retrait. Je souhaitais seulement les mettre au courant afin qu'ils sachent qui je fuyais et qu'ils ne se méprennent pas sur mon absence; je n'attendais rien d'autre que leur compréhension de ma situation. Leurs réactions m'ont beaucoup touchée car unanimement ils m'ont dit que ce n'était pas moi qui m'éclipserais mais lui. Désormais, il ne sera plus invité et s'il se présente, par exemple, au salon mortuaire, il risque de se sentir très mal venu et de se voir jeter poliment à la porte. Sortir du silence et de l'isolement aura été pour moi salvateur.

Les abus passés, tout en ayant laissé leur marque, sont maintenant de l'ordre du souvenir. Ils ont une place bien à eux. Ils ne me servent plus à entretenir un état de peur et d'angoisse mais plutôt à rester vigilante et à me fier à mes intuitions, toutes féminines soient-elles! Je sais que les événements dramatiques comme le viol d'enfant par des personnes connues sont des actes susceptibles d'arriver, mais je n'ai plus l'angoisse constante de l'éminence du viol de mes filles. Cela ne veut point dire qu'elles ne courent aucun risque, mais je leur donne le maximum d'outils disponibles pour leur assurer, dans la mesure du possible, la sécurité.

Le plus important dans toute ma démarche relève du fait que les peurs et les angoisses ne m'envahissent plus à propos de tout et de rien. C'est toute la différence entre savoir que les drames existent et croire que l'on est toujours en danger ou presque. Par exemple, s'il faisait noir, si un bruit inusité se produisait, si Amélie jouait un peu sur le chemin du retour de l'école ou si mon homme était en retard, une inquiétude persistante, illogique et toujours prête à bondir m'habitait. Maintenant, je sais avec mes «tripes» que ces traumatismes ne se produisent pas tous les jours sans quoi ce ne serait plus des événements dramatiques mais des événements quotidiens. J'ai enfin la sensation d'être libérée tout en étant réaliste... ce qui implique un discernement intelligent entre les indices de danger et les indices de la vie courante.

Une légère préoccupation demeure. François, mon premier thérapeute fautif pratique toujours comme psychologue et je soupçonne que ses activités sexuelles avec de jeunes clientes vulnérables se poursuivent. J'ai pensé que de participer à votre livre compenserait pour la plainte que je n'ai jamais portée. Il semble que je doive porter le poids de ma décision de ne pas le poursuivre. Je me plais parfois à espérer qu'une liste noire circule sur ces thérapeutes abuseurs. Je ne vous parle pas de Marcel car je sais qu'il ne pratique plus. Je crois ne plus avoir besoin de me venger mais savoir que la même personne continue à agir abusivement avec sa clientèle me retourne les sangs et mon volcan apaisé menace de s'activer.

Observations:

Ce qui est frappant dans l'adaptation de Sophie, c'est la jonction de l'impuissance et de la puissance. Sophie portera toujours des marques de son passé. Rien ne peut effacer le viol subi à huit ans et l'intimité sexuelle avec ses thérapeutes. Elle est impuissante face à ce vécu. Plusieurs clientes se laissent arrêter dans leurs efforts pour s'en sortir en se disant: «Ça ne changera rien». Pourtant, tout en reconnaissant la zone d'impuissance, le travail est loin d'être inutile et peut se faire à plusieurs niveaux, comme on le constate ici.

Réussir des études, briser le silence avec ses frères et sœurs à propos du viol afin de ne plus être coincée dans des situations familiales humiliantes, et finalement, se débarrasser de peurs et d'angoisses quotidiennes à propos de son enfant, donnent de la clarté et de l'air dans la vie de Sophie. Les chaînes du passé sont rompues. Ce cheminement vers une nouvelle liberté est accessible à toutes les victimes à condition d'accepter de quitter sa prison et ses geôliers. Ceux-ci, quoiqu'inconfortables, en viennent à représenter une certaine sécurité. Lorsque ça fait plusieurs années que l'on est prisonnier, la liberté peut faire peur.

Adrienne

Rappelons-nous qu'Adrienne nous avait communiqué son histoire par lettre. Elle n'avait pas eu l'occasion de participer aux groupes de rencontres du début. Contrairement à ce qu'on supposait, Adrienne n'a pas encore donné suite aux références suggérées ni contacté les autres clientes victimes qui étaient disponibles. Par ailleurs, la perspective de rencontrer les autres participantes du livre l'a séduite.

Vous ne pouvez imaginer à quel point je suis contente d'être là. Rien ne m'aurait fait manquer cette journée. Enfin, je vois d'autres personnes qui ont vécu la même expérience que moi. La solitude me pèse et le fait de choisir de n'en parler à personne m'isole. Je suis seule avec une réalité faite d'espoirs, de désirs et de souffrances. Je ne sais pas comment je vais m'en sortir.

J'aimerais beaucoup en parler à une de mes sœurs, mais cette femme a été abandonnée par son mari infidèle et elle en veut tellement aux hommes! Ma vie est devenue un enfer. Depuis que j'ai connu Alexandre, je ne peux plus supporter mon mari. Je ne veux pas qu'il me touche, je voudrais m'en aller, mais où? Je suis seule et sans moyens. J'aimerais mieux mourir.

Après la fin de ma relation avec Alexandre, je suis allée consulter un psychologue. Il était bien gentil mais il ne voulait pas que je parle de mon expérience avec Alexandre. Il prétendait que je devais oublier cette aventure et m'occuper de mes difficultés de couple. J'ai cessé de m'y rendre. J'hésite à consulter à nouveau par crainte de me faire servir la même salade. Pourtant, je constate que plusieurs d'entre vous ont entrepris une autre thérapie et sont en train de s'en sortir. Cela me donne de l'espoir.

Observations:

Quelques jours plus tard, Adrienne nous écrit pour que nous lui fournissions une autre référence. Elle a besoin de s'assurer que cette fois, elle pourra parler autant qu'elle en aura besoin de son vécu avec Alexandre. Elle réalise qu'elle doit sortir de son isolement et que la guérison ne viendra pas sans efforts. Le magasinage d'un bon thérapeute demande du courage mais ça vaut la peine. Adrienne se met des bâtons dans les roues lorsqu'elle s'empêche d'aller rencontrer d'autres thérapeutes de peur qu'ils lui disent encore d'oublier cette histoire. C'est elle qui choisit son thérapeute, qui sait ce qui lui convient et qui sait que celui qui nie l'abus dont elle a été victime n'est pas compétent. Dans ce premier contact, elle doit se rappeler qu'elle a beaucoup de pouvoir puisqu'elle sait ce qu'elle veut.

Qu'est-ce qu'un thérapeute compétent fait lorsqu'il reçoit une victime d'abus? D'abord et sans aucune ambivalence, il se doit de reconnaître et d'aider la cliente à comprendre, tout en respectant son rythme, qu'il y a réellement eu abus. Toutes les victimes portent en elles une culpabilité qui ne leur appartient pas, c'est pourquoi la clarté du thérapeute est essentielle. Durant la thérapie, le thérapeute n'a pas à manifester d'agressivité, ou à se montrer révolté que de telles choses arrivent. Il est préférable qu'il laisse les charges affectives à la cliente et qu'il ne vienne pas mêler les cartes. Il explique clairement à la cliente en quoi le rapprochement sexuel est incompatible avec la thérapie et prend position: «Ici, ça ne se passera pas.» Il sera compatissant devant les souffrances ressenties par la cliente et l'accompagnera dans ses ambivalences et ses actions, si risquées soient-elles. Puis lentement, la nouvelle thérapie s'amorcera. Le thérapeute pourra faire des liens entre ce qui s'est passé dans la thérapie à caractère sexuel et le scénario de vie de sa cliente. Cette expérience guidera le thérapeute dans la connaissance des besoins de sa cliente.

Par exemple, en ce qui concerne Adrienne, le nouveau thérapeute pourra soupçonner que cette dernière éprouve de la difficulté à prendre sa place dans la relation sexuelle et qu'elle possède une vision très dichotomique de la réalité. Elle semble voir sa relation avec Alexandre comme le paradis alors qu'elle compare sa vie avec son mari à l'enfer. Pourtant, sa relation avec Alexandre est loin d'être une relation idéale faite d'échanges et de tendresse. De même, sa relation avec son mari doit subir une légère déformation. Le nouveau thérapeute pourra s'éclairer du vécu d'Adrienne avec Alexandre pour saisir ce dont elle souffre.

Évelyne

J'ai pleuré en lisant mon histoire. Ça venait brasser un passé que j'avais réussi à mettre de côté. Avant de venir vous rencontrer la première fois, j'y pensais tout le temps. C'était toujours là. Après la rencontre, je me suis sentie libérée et je suis arrivée à ne plus y penser. Mais là, depuis que l'on a reçu le texte, Patrick et moi, nous avons parlé et pleuré en masse.

Dans le texte, vous ne mentionnez pas clairement que mon thérapeute m'a pénétrée, pourtant il l'a fait. Il faudrait le rajouter. Pour ma mère, vous dites qu'elle dit des sottises, c'est vrai quelquefois, mais ça m'a fait de la peine. Elle est très mature et a beaucoup de jugement. Je m'entends très bien avec elle, c'est ma meilleure amie, je ne voudrais pas lui faire du mal.

En discutant, Patrick et moi, nous croyons avoir découvert pourquoi la thérapie avait pris fin subitement. Je n'avais jamais compris ce qui pouvait avoir motivé l'arrêt. Je me suis souvenue que j'avais raconté à mon thérapeute que Patrick se doutait de quelque chose. Je lui avais dit qu'il m'avait suivi. Et c'est suite à cela qu'il a mis fin aux entrevues. Je suis certaine qu'il a eu peur d'être découvert. D'une certaine façon, la méfiance de Patrick m'a protégée.

Cette semaine, avec Patrick, je cherchais ce que j'aimerais faire lorsque je le rencontrerai. Ça va bien arriver un jour ou l'autre et je veux être prête. Des fois, je pense à être sarcastique, à le piquer, pour qu'il voit que je sais ce qu'il m'a fait. Je pourrais lui demander s'il fait encore des thérapies et si ses clientes progressent sexuellement? Je me sens plus armée pour y faire face.

Avec le texte, Patrick a aussi pu saisir quelque chose. Il n'avait jamais compris pourquoi je ne m'étais pas confiée à lui durant ma thérapie pour lui dire ce qui se passait avec mon thérapeute. Mon silence lui faisait mal. Il pensait que je ne lui faisais pas confiance ou encore que je le trahissais. Il a pu voir que de mon côté, on me demandait le silence et que j'étais coincée.

Observations:

C'est la larme à l'œil qu'Évelyne parle de tout cela. Cette confrontation avec l'histoire lui aura fait faire de nouveaux pas. D'autres morceaux du puzzle se sont mis en place. Par le biais de ce que nous rapporte Évelyne, la présence de son compagnon nous amène à dire un mot à propos des gens qui côtoient les clientes victimes d'abus.

Contrairement à Évelyne qui en parle directement et sans cachette à Patrick, plusieurs clientes doivent faire en sorte que le conjoint ne soit pas au courant de cette expérience. Participer à la rencontre leur a demandé de mettre en place tout un scénario afin de s'absenter de leur famille un dimanche. Doivent-elles viser d'en parler un jour? Ne mettons pas de règle générale. Selon les milieux culturels et sociaux, et selon la personnalité de la victime et du conjoint, il est plus ou moins facile et adéquat d'en parler. Chaque cliente choisit de dévoiler ou non son expérience et à qui elle veut.

Celles qui choisissent de le faire prennent un risque qu'il est important de bien calculer. En effet, il est certain qu'un dévoilement qui se solde par une plus grande culpabilité ou par un rejet n'est pas souhaitable. Les proches des victimes peuvent aussi avoir besoin d'aide suite à la prise de connaissance de l'abus car cette expérience de leur conjointe ou amie peut soulever bien des sentiments contradictoires. Nous sommes heureuses que le texte ait permis à Patrick de saisir le rôle précieux qu'il a joué dans la fin de la thérapie. Il a de plus saisi que si Évelyne ne lui parlait pas, c'était parce qu'elle se trouvait en situation de conflit entre son thérapeute et lui.

La guérison au fil du temps: les étapes de l'adaptation

L'adaptation, suite à un événement très perturbateur, est un processus qui comprend différentes étapes. Ces diverses phases d'adaptation sont bien illustrées dans les comptes rendus des victimes. Dans les paragraphes suivants nous résumerons en cinq points ces étapes: 1) l'intimité sexuelle, 2) la rupture, 3) le dévoilement, 4) l'intégration des différentes émotions et 5) le retour au problème initial. Bien sûr, ces cinq phases, tout en étant identifiables, sont souvent imbriquées les unes dans les autres. Ainsi, une cliente effectue parfois un premier dévoilement durant le rapprochement amoureux alors qu'une autre vit seule la rupture sans jamais parler de cette relation. Les différentes étapes ne se vivent donc pas toujours dans l'ordre indiqué: elles peuvent se chevaucher ou encore se répéter. L'adaptation, suite à un événement traumatique revêt différents niveaux de profondeur. Il est probable qu'une personne travaille à plusieurs reprises sur l'intégration des émotions suscitées par son vécu perturbateur y découvrant à chaque fois de nouvelles dimensions.

La première phase, l'**intimité sexuelle thérapeute-cliente**, se vit très souvent comme une relation amoureuse teintée de passion et de toute la désorganisation qui s'en suit. La cliente est envahie par cette relation thérapeutique idyllique. Ses rencontres hebdomadaires d'une heure ou deux deviennent le centre de sa vie ou presque. Le thérapeute devient facilement ce prince charmant de l'enfance plein de douceur, de tendresse, de compréhension et d'affection. L'illusion du bonheur total et de la symbiose est recréée, comment ne pas rêver de s'associer à lui pour la vie? Avez-vous déjà essayé de raisonner quelqu'un qui est en amour fou? «Les amoureux sont seuls au monde», comme le dit la chanson, et toute tentative d'incursion dans ce monde est perçue comme de la jalousie ou tout au moins de l'incompréhension de notre part. Il est donc pratiquement inutile d'intervenir à ce stade pour tenter d'informer la cliente des risques de séquelles graves qu'elle court dans cette relation particulière avec son thérapeute. Pourquoi pratiquement? Parce que malgré tout, peut-être que l'information donnée pourra servir à cette personne lorsqu'elle sortira du rêve et de l'illusion du grand amour.

Chaque cliente vivra cette période avec plus ou moins d'intensité. Par exemple, une femme de 45 ans choisit d'avoir un amant et souhaite que son thérapeute joue ce rôle car cela lui facilite la vie: «Je n'ai pas à mentir à mon mari ou à qui que ce soit, je vais à ma thérapie.» Cette femme vit une idylle différente de celle rapportée par cette jeune étudiante de 22 ans qui tombe éperdument amoureuse de son psychologue et entretient secrètement l'espoir qu'il la marie un jour. Cette période durant laquelle se vit l'intimité sexuelle peut prendre bien d'autres saveurs. Ainsi, Évelyne n'a aucun attrait pour son thérapeute mais elle souscrit, à sa demande, aux ébats sexuels les croyant nécessaires à son initiation. Il n'est question ni d'amour ni d'affection dans cette relation. Sarah, elle, va jusqu'à s'acheter un condo voisin de celui de son psychiatre pour le voir le plus possible. Donc, dans cette étape d'intimité sexuelle, toute la gamme des différences dans les relations sexuelles entre deux personnes se retrouve: du viol à la passion en passant par l'amour, l'affection ou l'initiation.

La deuxième phase, la **rupture**, s'annonce beaucoup plus pénible. Dans les cas où l'intimité sexuelle revêtait un caractère amoureux, toutes les retombées liées à une rupture s'y retrouvent. Déprime, détresse, solitude, tristesse et colère sont au rendez-vous. Mais en plus, il faut compter avec le poids du secret de cette relation car bien souvent l'entourage ignorait cette idylle avec le thérapeute ou était au courant de celle-ci mais non du statut de l'amoureux. Et enfin, la rupture amène une double perte car la cliente perd à la fois un amoureux et un thérapeute. Elle se retrouve seule avec ses difficultés de départ qu'elle n'a pu traiter puisque la relation amoureuse a pris graduellement l'espace de la relation thérapeutique.

Le contrecoup de la rupture peut durer très longtemps. Elle se rapproche des différentes étapes à franchir au moment d'un deuil. C'est une perte, une séparation et bien souvent l'abandon de nombreuses illusions d'une petite fille qui cherche un homme bienveillant qui s'occupera d'elle pour toute la vie. Pour d'autres, comme Évelyne ou Sophie, la séparation se vit comme un soulagement. Elles sont tentées de mettre de côté cette expérience et de l'oublier. Cet événement est malheureusement trop chargé d'émotions pour une cliente pour être si facilement mis au rancart. Par exemple, la honte d'avoir été abusée ou trahie est souvent le lot de ces victimes. Tôt ou tard, ces clientes, qui vivent la rupture comme un soulagement, devront quand même faire face au traumatisme que cet événement aura provoqué.

La troisième phase, celle du **dévoilement,** est cruciale pour sortir la cliente de la détresse et faciliter l'adaptation personnelle. Par ailleurs, le dévoilement peut aussi s'avérer un nouveau traumatisme si la cliente se voit confronter à de l'incompréhension ou du doute. La mère qui dit à sa grande fille qui se plaint des comportements sexuels de son thérapeute: «Je ne te crois pas, cet homme est un psychiatre respecté dont nous avons vérifié les références», se retrouve encore plus isolée. La femme qui annonce à son mari que son thérapeute l'a violée et qui se fait répondre: «C'est bien toi ça, tu l'as séduit, il t'est tombé dans les bras et maintenant tu veux me faire croire qu'il t'a forcée», ne peut se sentir soulagée d'avoir révélé son secret. D'autres réponses toutes aussi inadéquates s'articulent autour de l'oubli comme par exemple: «N'y pense plus» ou «Il faut l'oublier et t'occuper de ta carrière» ou «C'est inutile d'en parler, passe à autre chose». Malheureusement, beaucoup de professionnels ne saisissent pas l'importance de cet agir ou se sentent inconfortables devant l'incompétence d'un de leur collègue et, de ce fait, n'apportent pas l'aide nécessaire à la cliente victime d'un autre thérapeute. Cette phase du dévoilement s'avère donc très délicate puisqu'elle risque de replonger la victime dans sa solitude alors qu'elle faisait un mouvement pour s'en sortir.

Lorsque la cliente qui confie son secret est accueillie par l'interlocuteur, le soulagement est immédiat et un premier pas est franchi. Différents dévoilements peuvent se faire. Il est possible d'en parler à un ami, à un proche parent, à un autre professionnel ou à plusieurs personnes. Une victime peut aussi choisir de porter une plainte officielle et de rendre l'abus public. Chaque personne a le privilège et le droit de choisir le type de dévoilement qui lui convient à chaque moment de sa vie. L'histoire de Sophie éclaire l'importance du dévoilement et des conséquences bénéfiques qui peuvent en découler.

La quatrième phase, l'**intégration des différentes émotions,** se rapporte à l'ambivalence de la cliente entre son amour et sa colère pour son thérapeute, sa fierté et sa honte et toutes les émotions contradictoires qui l'habitent. Pendant de grandes périodes, la cliente peut être habitée par une immense colère parce qu'elle a été trahie ou abandonnée et mijoter toutes sortes de petites vengeances douces à son cœur. Puis, sans crier gare, toute l'affection vécue pour cet homme qui l'écoutait avec tant de chaleur lui revient.

La cliente vit toutes ces émotions et a besoin de pouvoir les exprimer sans que quiconque ne s'accapare de son expérience. Par exemple, une cliente se demande si elle doit poursuivre son ancien psychiatre. Elle n'arrive pas à se décider et son thérapeute actuel, insulté par le comportement de son collègue précédent, l'incite fortement à le poursuivre au criminel. Il promet de témoigner pour elle et lui assure que sa guérison s'accélérera si elle se rend au bout de sa plainte. Elle s'est informée et a fait les démarches qu'elle voulait et ne tient pas à aller plus loin. Elle dit: «J'ai l'impression que ma démarche ne m'appartient plus et que je doive poursuivre mon premier thérapeute pour faire plaisir à mon deuxième.» Il est primordial de favoriser l'expression des besoins et désirs de la cliente et de ne pas l'influencer par ses propres colères ou ses croyances.

Il est difficile de constater que cette personne que l'on chérit devient tout à coup la cible de notre colère. Reconnaître que des émotions contradictoires simultanées nous habitent, face à une même personne, exige maturité et sagesse. Cet apprentissage est essentiel dans l'adaptation qui fait suite à l'intimité sexuelle thérapeute-cliente. Le professionnel qui reçoit une victime doit être très soucieux de favoriser l'expression de cette diversité d'émotions. À travers le dévoilement de tout son vécu, la cliente nettoie sa blessure narcissique et reprend sa route là où elle l'avait abandonnée lorsqu'elle est tombée dans les bras de son thérapeute.

Le **retour au problème initial** est la dernière étape de cette épopée. L'ensemble des victimes, rencontrées à l'occasion du retour sur les histoires, amorçait plus ou moins cette étape. Plusieurs avaient déjà entrepris un nouveau processus thérapeutique et travaillaient aux difficultés à l'origine de leur première consultation. D'autres avaient terminé une deuxième thérapie.

Ces quelques pages, qui illustrent le processus d'adaptation auquel font face les clientes victimes d'intimité sexuelle avec leur thérapeute, sont très éloquentes sur le caractère nocif d'un tel comportement. Être cliente ou être thérapeute sont deux réalités qui comportent une fonction, un rôle et des responsabilités forts différentes.

Guide pratique pour les victimes

Si vous êtes victime ou si vous connaissez quelqu'un qui est victime, que faut-il faire? Faut-il aller consulter à nouveau? Poursuivre le thérapeute? Faut-il se taire et oublier, voire pardonner? Ou encore se laisser couler dans une dépression sans fin? Finalement, y a-t-il une règle à suivre pour guérir?

Figure 1 — La roue d'options traduite et adaptée de Schoener, Milgrom, Gonsiorek, Luepker et Conroe (1989).

Schoener et ses collaborateurs (1989) ont développé une **roue d'options** qui proposent différentes actions possibles. Ils reconnaissent qu'il n'y a aucune certitude quant aux choix qui mènent à l'adaptation, mais plutôt une combinaison de différents choix d'action variant selon chaque cliente et en fonction de chaque moment. L'essentiel consiste à faciliter pour chaque victime l'expression de ses besoins et de ses souhaits. Par la suite, en lui présentant les multiples options, il faut l'aider à choisir ce qui lui convient à ce moment précis. Il ne faut donc pas poursuivre à tout prix ou retourner en thérapie sans faute, à chacun de privilégier ses moyens.

En bref, différentes options s'ouvrent à la personne qui veut donner suite à une expérience d'intimité sexuelle avec un thérapeute. Il y a bien sûr toute la variété de poursuites possibles: au syndic d'une corporation, au civil pour dommages et au criminel pour viol. Dans une autre perspective, la cliente peut choisir de retourner consulter en thérapie individuelle ou de groupe, ou se joindre à un groupe d'entraide pour des victimes d'abus sexuels perpétrés par un thérapeute. Pour d'autres, écrire ou parler à leur ex-thérapeute afin de dire le tort causé est bénéfique. Du dessin à l'art dramatique, tout est valable. Ce qui importe c'est de faire quelque chose, ne serait-ce que choisir de ne rien faire dans l'immédiat!

La pertinence de l'action envisagée s'évalue à partir des effets recherchés, soient un apaisement, une énergie nouvelle ou encore une intégration de l'expérience. Une action qui entretient la rage autodestructrice, la dépression, la baisse d'estime de soi ou la baisse d'énergie risque d'être inadéquate et nécessite une réévaluation.

L'adaptation se fait donc au fil du temps et des diverses étapes que la personne franchit. Il est possible que la décision prise en début de cheminement devienne inefficace et qu'il faille reconsidérer d'autres avenues. Comme la figure l'illustre, la cliente est vraiment au cœur de ce processus d'aide. Le consultant doit être certain de ses convictions, ses valeurs et ses émotions face à l'expérience d'intimité sexuelle thérapeute-cliente pour éviter le piège d'utiliser la cliente afin de régler ses comptes ou défendre ses croyances. Il n'est pas plus adéquat de porter plainte ou de dévoiler le secret à son mari que de ne rien faire; tout dépend de la personne qui consulte. Le respect du choix, du rythme et de la différence de l'autre est prioritaire.

Ressources pour les victimes et les thérapeutes

Malheureusement, les ressources disponibles pour les victimes de l'intimité sexuelle en thérapie sont très limitées. Toutefois, elles ne sont pas inexistantes. Une première source d'aide vient des écrits sur la thématique. S'informer sur l'existence de l'intimité sexuelle en thérapie et connaître davantage les séquelles qui y sont associées, sont des moyens facilitant l'adaptation. Dans cette optique, outre les multiples articles scientifiques qui sont regroupés en partie dans la bibliographie, certains livres méritent une mention particulière. Pope et Bouhoutsos (1986) présentent les différents volets de cette problématique et procurent par le fait même un excellent manuel de référence pour une personne qui désire se renseigner. Ils abordent, entre autres, les points suivants: la vulnérabilité des clientes, les modalités de support, les thérapeutes à risques, un guide pour l'intervention de l'avocat etc. Deux autres ouvrages s'adressent davantage aux professionnels tout en étant accessible aux clientes: *Sexual Dilemmas for the Helping Professional* (Edelwich et Brodsky, 1982) et *It's Never OK: A Handbook for Professionals on Sexual Exploitations by Counselors and Therapists* (Sanderson, Barbara A., 1989).

Dans une autre style littéraire, Julie Roy (Freeman et Roy, 1976) raconte son histoire personnelle d'abus avec le Dr Hartoggs, psychiatre d'environ trente ans son aîné, à travers la poursuite qu'elle a intenté contre lui. Ne pouvant venir à bout de sa dépression, elle consulte ce psychiatre de soixante ans qui lui a été référé par un autre thérapeute. Très rapidement, il lui parle de rapprochement sexuel comme mode de thérapie efficace pour régler ses problèmes. Il l'amène graduellement à se déshabiller puis à avoir des rapports sexuels avec lui à presque chaque entrevue qui dure entre dix et vingt minutes. Il insiste sur l'aspect thérapeutique des relations sexuelles. Après quatorze mois, Julie Roy est de plus en plus déprimée et elle quitte son thérapeute. Suite à ce traitement qui la traumatise, elle est hospitalisée à deux reprises pour dépression psychotique et suicidaire. Elle est la première aux États-Unis à poursuivre un thérapeute pour infraction au code de déontologie suite à des relations sexuelles avec une cliente. Elle a gagné son procès au bout de quatre ans et en rapporte les principaux faits dans un livre intitulé *Betrayal* (Trahison).

Le rapprochement sexuel entre un thérapeute et sa cliente et ses effets nocifs ne datent pas d'hier. Il y a deux mille ans, Hippocrate mettait déjà en garde les consultants. Malgré cela, les remèdes sont encore très rares. Il existe aux États-Unis quelques endroits où des services spécialisés sont offerts aux victimes. Le *Walk-in Counseling Center* au Minnesota sous la direction de Gary Schoener en est un. Le Centre travaille en collaboration avec des thérapeutes qui offrent des services spécialisés aux clientes victimes, soit en individuel ou en groupe. D'autres groupes sont offerts en Californie par Jacqueline Bouhoutsos et Annette Brodsky (1985) de même que par Estelle Disch (1989) à Cambridge dans le Massachusetts. Bouhoutsos et Brodsky (1985) ont développé un modèle d'intervention qu'elles appellent la médiation. Il s'agit de rencontres avec la victime et son thérapeute en présence d'un médiateur qui agit comme consultant pour trouver une solution au problème vécu suite à l'intimité sexuelle. À Toronto, un organisme, CASE (*Coalition for the Advancement of Sexual Ethics in Counseling and Psychotherapy*), offre des thérapies de groupe pour les femmes qui ont été exploitées sexuellement dans une relation thérapeutique. Nos contacts avec la France et l'Allemagne nous portent à croire que le sujet est peu ou pas abordé en Europe.

Et au Québec que fait-on? Très peu! On commence à en parler, on fait quelques recherches et tranquillement s'effectue une sensibilisation qui, nous l'espérons, gagnera les thérapeutes et la population en général. Depuis 4 ans déjà, nous travaillons activement sur cette problématique. Dans ce contexte, des ateliers d'information et de conscientisation de même que des conférences ont été offerts pour les étudiants en psychologie, les psychologues et les omnipraticiens.

Dans une autre perspective, les clientes victimes peuvent déposer une plainte aux syndics des différentes corporations professionnelles. Le bureau du syndic de la Corporation professionnelle des psychologues accueille consciencieusement de telles requêtes. Certaines d'entre elles ont été amenées devant le Comité de Discipline et ont eu gain de cause. Il est aussi possible de faire appel aux services d'un avocat pour engager une poursuite légale, ne serait-ce que d'aller chercher une compensation financière dans un règlement hors cour. Il n'existe pas, à notre connaissance, d'avocats spécialisés dans ce domaine au Québec; c'est un champ d'expertise à développer.

Quant à nous, nous offrirons dès janvier 1990 des soirées

rencontres pour les victimes désireuses d'assister à une session de groupe pour échanger entre elles. Nous offrons aussi des services professionnels d'aide individuel, de médiation, de même que de la supervision et de la formation pour les thérapeutes. Il est toujours possible de nous joindre par l'entremise de notre éditeur.

J'ai fait l'amour avec mon thérapeute, petite phrase simple, presqu'anodine, qui camouffle pourtant un monde d'expériences troublantes. Le monde de la marginalité, le monde des victimes. Victimes d'incompétence professionnelle, ces clientes vivent un événement traumatique qu'il leur faudra assumer. Nous terminons en faisant le vœu que ce livre sera un outil de prévention tant pour les thérapeutes que pour les futures clientes de même qu'une source de support et de réflexion pour des victimes en mal de guérir.

Bibliographie

American Psychiatric Association (1983). *DSM-III Manuel diagnostique et statistique des troubles mentaux*. Paris: Masson.

American Psychological Association (1987). *If Sex Enters Into the Psychotherapy Relationship*. Washington, DC: American Psychological Association.

Apfel, R.J., & Simon, B. (1985). Patient-Therapist Sexual Contact:1.Psychodynamic Perspectives on the Causes and Results. *Psychotherapy Psychosomatics, 43*, 57-62.

Bouhoutsos, J.C. & Brodsky, A.M. (1985). Mediation in Therapist-Client Sex: A Model. *Psychotherapy, 22*, 189-193.

Bouhoutsos, J., Holroyd, J., Lerman, H., Forer, B., & Greenberg, M. (1983). Sexual intimacy between psychotherapists and patients. *Professional Psychology: Research and Practice, 14*, 185-196.

Burgess, A. W. (1981). Physician Sexual Misconduct and Patients' Responses. *American Journal of Psychiatry, 138*, 1335-1342.

Butler, S. (1975). Sexual contact between therapists and patients (Doctoral dissertation, California School of Professional Psychology, Los Angeles). *Dissertation Abstracts International, 1976, 34*, 5782B.

Butler, S., & Zelen, S.L. (1977). Sexual intimacies between therapists and patients. *Psychotherapy: theory, research, and practice, 14*, 139-145.

Chesler, P. (1972). *Women and madness*. New York: Avon Books.

Corporation professionnelle des psychologues du Québec (1984). *Code de déontologie des psychologues*. Extrait de la Gazette officielle du Québec, Québec.

D'Addario, L. (1977). Sexual relationships between female clients and male therapists (Doctoral dissertation, California School of Professional Psychology, San Diego). *Dissertation Abstracts International, 1978, 38*, 5007B.

Daigle, H. (1980). *L'intimité sexuelle en psychothérapie*, essai de Maîtrise inédit, Université Laval.

Davidson, V. (1977). Psychiatry's Problem With No Name: Therapist-Patient Sex. American *Journal of Psychoanalysis, 37*, 43-50.

Disch, E. (1989). *One Day Workshops for Female Survivors of Sexual Abuse by Psychotherapists*. In Walk-In Counseling Center (ed): *Psychotherapists' Sexual Involvement with Clients: Intervention and Prevention* (pp. 209-214; Sous-presse 1989). Minneapolis.

Durré, L. (1980). Comparing Romantic and Therapeutic Relationships. *in* Pope (ed): *On Love and Loving: Psychological Perspectives on the Nature and Experience of Romantic Love* (pp. 228-243). San Francisco: Jossey-Bass.

Edelwich, J., Brodsky, A. (1982). *Sexual Dilemnas for the Helping Professional*. New York: Brunner/Mazel.

Feldman-Summers, S., & Jones, G. (1984). Psychological impacts of sexual contact between therapists or other health care practitioners and their clients. *Journal of Consulting and Clinical Psychology, 52*, 1054-1061.

Finlay, J. L. (1989). *Ontario Board of Examiners in Psychology Sexual Involvement with Clients: A Legal Perspective*, Communication présentée dans le cadre d'un atelier organisé par the Ontario Board of Examiners in Psychology & the Ontario Psychological Association, Toronto.

Freeman, L., & Roy, J. (1976). *Betrayal*. New York: Stein and Day.

Gartrell, N., Herman, J., Olarte, S., Feldstein, M., & Localio, R. (1986). Psychiatrist-Patient Sexual Contact: Results of a National Survey, I: Prevalence. *American Journal of Psychiatry, 143,* 1126-1131.

Gartrell, N., Herman, J., Olarte, S., Feldstein, M., & Localio, R. (1987). Reporting practices of psychiatrists who knew of sexual misconduct by colleagues. *American Orthopsychiatric Association, Janvier,* 287-295.

Gonsiorek, J.C. (1987). Intervening with Psychotherapists who Sexually Exploit Clients. *in* Peter A. Keller & Steven R. Heyman (ed): *Innovations in Clinical Practice: A source Book* (pp. 417-427). Sarasota: Professional Resource Exchange.

Hayden, T. L. (1983). *L'enfant qui ne pleurait pas.* France: Editions J'ai lu, 1606.

Hayden, T. L. (1983). *Kevin le révolté.* France: Editions J'ai lu, 1711.

Hayden, T. L. (1986). *Les enfants des autres.* Canada: Flammarion.

Holroyd, J. C., & Brodsky, A. M. (1977). Psychologists' attitudes and practices regarding erotic and nonerotic physical contact with patients. *American Psychologist, 32,* 843-849.

Lecomte, C., & Gendreau, P. (1984). Sexualité, Intimité et Relation d'aide. *Psychologie Canadienne, 25,* 43-51.

Levert, C. (1984). *La place de la parole dans l'acting-in sexuel entre thérapeutes et clientes.* Mémoire de Maîtrise inédit, Université du Québec à Montréal.

Masters, W.H., Johnson, V.E. (1970). *Human Sexual Inadequacy.* Boston: Little, Brown.

Pope, K.S. (1988). How Clients are Harmed By Sexual Contact with Mental Health Professionals: The Syndrome and its Prevalence. *Journal of Counseling and Development, 67,* 222-226.

Pope, K.S., & Bouhoutsos, J. (1986). *Sexual intimacy between therapists and patients.* New York: Praeger.

Pope, K.S., Keith-Spiegel, P., & Tabachnick, B.G. (1986). Sexual Attraction to Clients: The human therapist and the (sometimes) inhuman training system. *American Psychologist, 41,* 147-158.

Sanderson, Barbara A., (1989). *It's Never OK: A Handbook for Professionals on Sexual Exploitation by Counselors and Therapists.* Minnesota: Task Force on Sexual Exploitation by Counselors and Therapists.

Schoener, G.R., Milgrom, J.H., Gonsiorek, J.C. Luepker, E.T., & Conroe, R.M. *Psychotherapists' Sexual Involvement with Clients: Intervention and Prevention* (Sous-presse, 1989). Minneapolis, Walk-In Counseling Center.

Schoener, G. R.(1989). *Sexual involvement with clients,* Communication présentée dans le cadre d'un atelier organisé par the Ontario Board of Examiners in Psychology & the Ontario Psychological Association, Toronto.

Valiquette, M. (1989). *Les séquelles psychologiques de l'intimité sexuelle en psychothérapie.* Thèse de Doctorat inédite, Université de Montréal.

Viorst, J. (1988). *Les renoncements nécessaires. Tout ce qu'il faut abandonner en route pour devenir adulte.* France: Laffont.

Weiner, I. B. (1975). *The maturational processes and the facilitating environment.* New York: International Universities Press.

Références-Adresses

Walk-In Counseling Center
2421 Chicago Ave. So.
Minneapolis, Minnesota 55404
Tél.: (612) 870-0565

Task Force on Sexual Exploitation by Counselors and Therapists
Minnesota Program for Victims of Sexual Assault Minnesota
Department of Corrections
300 Bigelow Building
450 North Syndicate Street
St. Paul, Minnesota 55104
Tél.: (612) 642-0256

Table des matières

Remerciements 7
Avant-propos 9

PREMIÈRE PARTIE:
L'AMOUR ET LA THÉRAPIE, UN MÉLANGE EXPLOSIF

Un rapprochement à hauts risques: pourquoi l'intimité
sexuelle thérapeute-cliente est-elle à proscrire? 15
    Les séquelles de l'intimité sexuelle thérapeute-cliente 15
    Cas d'exception ou phénomène fréquent? 18

Faire l'amour avec sa cliente, faire l'amour
avec son thérapeute: pourquoi cela arrive-t-il? 20
    Des frontières caractéristiques
    pour les différents types de relations 20
    Une distinction difficile mais capitale:
    la relation amoureuse et la relation thérapeutique 23
    Le risque inhérent à la profession de thérapeute 27
    Le manque d'information de la cliente 29

Faire l'amour avec sa cliente, faire l'amour avec
son thérapeute: comment cela se passe-t-il? 29
    Dix scénarios possibles 30

Faire l'amour avec sa cliente, faire l'amour
avec son thérapeute: à qui cela arrive-t-il? 33
    Les clientes victimes 33
    Les thérapeutes types 36
    Conclusion 43

DEUXIÈME PARTIE:
HISTOIRES VÉCUES DE CLIENTES

Rachel et Nicolas...47
Estelle et le Docteur Richer.................................57
Fabienne et sœur St-Gabriel 66
Sarah et Samuel 73
Marc-André et Laura 87
Marjolaine et Simon 94

Isabelle et le père Gilles 102
Sophie, François et Marcel 107
Adrienne et Alexandre 114
Évelyne et M. Gauthier.. 122

TROISIÈME PARTIE:
HISTOIRES VÉCUES DE THÉRAPEUTES

Louis et Coralie 133
Julien et ses clientes 142

QUATRIÈME PARTIE:
L'ADAPTATION ET LA GUÉRISON

Des nouvelles, un an et demi plus tard 155
La guérison au fil du temps: les étapes de l'adaptation 177
Guide pratique pour les victimes..................................... 181
Ressources pour les victimes et les thérapeutes 183

Bibliographie 187

- Cap-Saint-Ignace
- Sainte-Marie (Beauce)
  Québec, Canada
  1995

«L'IMPRIMEUR»